# French GCSE Vocabulary
## Your Malvern Guide

Val Levick

Glenise Radford

Alasdair McKeane

# CONTENTS

Essential Vocabulary.................................................................................................. 1

Lifestyle.............................................................................................................. 16

    Health.............................................................................................................. 16

    Healthy/Unhealthy Lifestyles ......................................................................... 19

    Relationships with Friends and Family .......................................................... 23

    Relationships and Choices.............................................................................. 25

    Future Plans (Marriage and Partnership)........................................................ 27

    Social Issues and Equality ............................................................................. 28

    Life in France.................................................................................................. 31

Leisure............................................................................................................... 33

    Free Time and the Media................................................................................ 33

    Free Time Activities ....................................................................................... 37

    Shopping, Money, Fashion and Trends .......................................................... 42

    Advantages/Disadvantages of New Technology ............................................ 47

    Holidays.......................................................................................................... 48

    Plans, Preferences, Experiences..................................................................... 54

    What to See and Getting Around..................................................................... 59

Home and Environment ..................................................................................... 63

    Home and Local Area...................................................................................... 63

    Home Town, Neighbourhood and Region....................................................... 68

    The Environment and Problems...................................................................... 72

    Being Environmentally Friendly..................................................................... 75

    Special Occasions - Home and Family ........................................................... 76

Work and Education............................................................................................ 77

    School/College and Future Plans.................................................................... 77

    What is School or College Like? .................................................................... 82

    Current and Future Jobs.................................................................................. 85

    Looking for and Getting a Job ........................................................................ 88

Abbreviations ..................................................................................................... 91

Index................................................................................................................... 92

Please note the following points:

- * These verbs take **être** in the perfect and other compound tenses.

- *irreg* These verbs are *irreg*ular.

- In lists where **aller**, **être** and **faire** occur more than once only the first one is marked *irreg*.

- † These **-er** verbs are broadly regular, but have variations in some tenses.
  For further information refer to our publication 'Essential French Verbs'

- Nouns marked (m) are masculine, nouns marked (f) are feminine, nouns marked (m)(f) can be either masculine or feminine as appropriate.
  For plural nouns (mpl) and (fpl) are used if the article *les* is absent.

- Adjectives or nouns which never change are marked *inv*.

- Page references are made at the end of sections to indicate other words which might be useful to the topic.

- To avoid repetition, question words, prepositions, conjunctions, colours, adjectives, adverbs, common verbs, numbers, dates and times are in lists on pages 1 - 10.

- Opinions and justifications are on pages 11 – 12

- o.s - oneself

- s.o - someone

- sth - something

- In Essential Vocabulary, high frequency words are marked in **bold**

# ESSENTIAL VOCABULARY

## Adjectives

### Colours

| | |
|---|---|
| beige | beige |
| blanc | white |
| bleu | blue |
| bleu clair *inv* | light blue |
| bleu foncé *inv* | dark blue |
| bleu marine *inv* | navy blue |
| brun | brown |
| gris | grey |
| jaune | yellow |
| marron *inv* | brown (eyes) |
| mauve | mauve |
| noir | black |
| orange | orange |
| pourpre | purple |
| rose | pink |
| rouge | red |
| sombre | dark |
| vert | green |
| violet | violet, purple |

### People - physical

| | |
|---|---|
| assis | seated, sitting |
| beau | handsome, beautiful |
| court | short |
| debout *inv* | standing |
| grand | big, great, tall |
| gros | big, fat |
| jeune | young |
| joli | pretty |
| laid | ugly |
| petit | little, small, young |
| vieux | old |

### People - personality

| | |
|---|---|
| amical | friendly |
| amusant | amusing |
| ancien | old, ex-, former |
| anxieux | anxious |
| bête | stupid |
| bruyant | noisy |
| content | pleased, happy |
| doux | mild, sweet, gentle |
| génial | fantastic, great |
| gentil | kind |
| heureux | happy |
| inquiet | anxious |
| intelligent | intelligent |
| malheureux | unhappy, unfortunate |
| méchant | naughty, spiteful |
| paresseux | lazy |
| plein de vie | lively |
| sage | well-behaved, wise |
| stupide | stupid |
| sympa(thique) | nice |
| timide | shy |
| tout seul | alone |
| triste | sad |
| vif | lively, keen |

### Buildings

| | |
|---|---|
| cher | dear, expensive |
| composé de | made up of |
| confortable | comfortable |
| énorme | enormous |
| fermé | closed, shut |
| individuel | individual |
| moderne | modern |
| neuf | new, brand new |
| nouveau | new |
| ouvert | open |
| propre | clean, own |
| sale | dirty |

### Places

| | |
|---|---|
| affreux | awful, ugly |
| agréable | pleasant |
| calme | calm, peaceful |
| désagréable | unpleasant |
| frais | cool, fresh |

1

| | |
|---|---|
| important | important, large |
| long | long |
| magnifique | wonderful |
| merveilleux | marvellous |
| minuscule | tiny |
| moche | rotten, ugly |
| pittoresque | picturesque |
| prochain | next |
| rond | round |
| tranquille | peaceful, calm |
| typique | typical |
| varié | varied |

**For and against**

| | |
|---|---|
| barbant (slang) | boring |
| difficile | difficult |
| dur | hard, difficult |
| ennuyeux | boring |
| excellent | excellent |
| facile | easy |
| faible | weak |
| faux | wrong, false |
| favori | favourite |
| formidable | great, terrific |
| fort | strong, loud |
| fréquent | frequent |
| général | general |
| habituel | habitual |
| impossible | impossible |
| intéressant | interesting |
| juste | exact, fair, tight |
| nécessaire | necessary |
| normal | normal |
| préféré | preferred, favourite |
| vrai | true |

**General**

| | |
|---|---|
| autre | other |
| bon | good |
| cassé | broken |
| dernier | the last, the latest |
| enrichissant | enriching |

| | |
|---|---|
| évident | obvious |
| léger | light |
| lent | slow |
| lourd | heavy |
| mauvais | bad |
| même | same |
| plein | full |
| plusieurs | several |
| possible | possible |
| précieux | precious |
| probable | probable |
| récent | recent |
| sain et sauf | safe and sound |
| seul | alone |
| simple | simple |
| spécial | special |
| splendide | splendid |
| suivant | following |
| sûr | certain |
| terrible | terrible |
| tout | all |
| urgent | urgent |
| vide | empty |

## Adverbs

**High frequency adverbs**

| | |
|---|---|
| **assez** | enough, fairly, rather |
| **aussi** | also, as well, too |
| **beaucoup** (de) | a lot (of), many |
| **loin** (de) | far (away) (from) |
| **maintenant** | now |
| **souvent** | often |
| **tout près** | quite near, very near |
| **très** | very |
| **trop** | too |

**Common adverbs**

| | |
|---|---|
| alors | then |
| assez de | enough of |
| bien | well |
| bientôt | soon |
| en attendant | meanwhile |

| | |
|---|---|
| en effet | indeed |
| en fait | in fact, actually |
| encore | again, still, yet |
| enfin | at last, finally |
| ensemble | together |
| franchement | frankly |
| généralement | usually |
| heureusement | fortunately |
| malheureusement | unfortunately |
| normalement | usually, normally |
| par exemple | for example |
| pas du tout | not at all |
| peut-être | perhaps, maybe |
| plutôt | rather |
| puis | then, next |
| quelquefois | sometimes |
| toujours | always, still |
| tout de suite | at once |
| vite | quickly, fast |
| vraiment | really |

### Adverbs of place

| | |
|---|---|
| à l'arrière | at the back |
| à l'avant | at the front |
| à droite | on the right |
| à gauche | on the left |
| ailleurs | elsewhere |
| de chaque côté | on each side |
| de l'autre côté | on the other side |
| de tous côtés | on all sides, from all directions |
| dehors | outside |
| en haut | upstairs |
| ici | here |
| là(-bas) | (over) there |
| là-haut | up there, upstairs |
| par terre | on the ground |
| partout | everywhere |
| proche | nearby, close |
| tout droit | straight on |
| voici | here is, here you are |
| voilà | there is, there you are |

### Adverbs of manner

| | |
|---|---|
| à la fois | at the same time |
| à la hâte | in a hurry |
| à toute vitesse | at top speed |
| aussitôt | straight away |
| brièvement | briefly |
| lentement | slowly |
| rapidement | quickly |
| soudain | suddenly |
| tout à coup | suddenly |

### Adverbs of time – days and dates

| | |
|---|---|
| l'année dernière | last year |
| l'année prochaine | next year |
| après-demain | day after tomorrow |
| aujourd'hui | today |
| auparavant | previously |
| autrefois | in the past |
| avant-hier | the day before yesterday |
| demain | tomorrow |
| dernièrement | recently |
| en ce moment | now |
| hier (soir) | yesterday (evening) |
| il y a (deux jours) | (two days) ago |
| le lendemain | next day |
| le lundi | on Mondays |
| récemment | recently |
| la semaine dernière | last week |
| la semaine prochaine | next week |
| tous les jours | every day |

### Adverbs of time

| | |
|---|---|
| à l'heure | on time |
| à partir de | from |
| actuellement | at the moment, currently |
| au début de | at the start of |
| continuellement | continually |
| d'abord | first, first of all |
| de bonne heure | early |
| déjà | already |
| d'habitude | usually |

de nouveau ................ again
de temps en temps ........ from time to time
en avance .................... early, beforehand
en même temps ............ at the same time
en retard ...................... late
encore une fois ............ once more
ensuite ........................ afterwards, next, then
environ ........................ about, roughly
finalement .................... finally
fréquemment ................ frequently
immédiatement ............ immediately
longtemps .................... for a long time
parfois .......................... sometimes
(plus) tard .................... late(r)
tôt ................................ early
tôt ou tard .................... sooner or later

### Adverbs of degree

à peine .......................... hardly, scarcely
absolument .................. absolutely
au moins ...................... at least
complètement .............. completely
également .................... equally, evenly
en général .................... generally
énormément ................ tremendously
envers .......................... towards (emotion)
environ ........................ about
exactement .................. exactly, precisely
extrêmement ................ extremely
précisément ................ exactly, clearly
presque ........................ almost, nearly
probablement .............. probably
rarement ...................... rarely
seulement .................... only
si .................................. so, such
spécialement ................ specially
suffisamment .............. sufficiently
surtout .......................... above all, especially
tellement ...................... so
tout à fait .................... quite, completely
vers .............................. towards, about

### Other adverbs

affectueusement .......... with best wishes
ainsi ............................ thus
amicalement ................ with best wishes
autant .......................... so many
autrement .................... differently, otherwise
autrement dit ................ in other words
bien entendu ................ of course
bref .............................. in short, briefly
cependant .................... however
correctement ................ correctly
couramment ................ fluently
d'ailleurs ...................... moreover
donc ............................ so, therefore
doucement .................. gently, quietly
effectivement .............. actually, really
en vain ........................ in vain
ensemble ...................... together
évidemment ................ of course, obviously
non plus ...................... neither
obligatoirement .......... compulsorily
par contre .................... on the other hand
par chance .................... by chance
par hasard .................... by chance, accidentally
peu .............................. little, not much
poliment ...................... politely
pourtant ...................... yet, however
quand même ................ all the same
silencieusement .......... silently
soigneusement ............ carefully
tout de même .............. all the same
volontiers .................... gladly, willingly

## Verbs

### High frequency verbs

aimer ........................to like
donner ......................to give
écouter......................to listen (to)
habiter ......................to live
jouer .........................to play
parler........................to speak, talk
regarder ....................to look at
rester* ......................to stay
travailler ..................to work

acheter † ...................to buy
commencer † ..............to begin
manger † ...................to eat

aller* *irreg*...................to go
apprendre *irreg* ..........to learn
avoir *irreg*...................to have
boire *irreg*...................to drink
comprendre *irreg*........to understand
écrire *irreg* .................to write
entendre .....................to hear
être *irreg*.....................to be
faire *irreg* ..................to do, make
finir .............................to finish
lire *irreg*......................to read
prendre *irreg*..............to take, catch, have
savoir *irreg* .................to know
venir* *irreg*.................to come
voir *irreg*.....................to see

devoir *irreg*.................to have to, must
pouvoir *irreg* ..............can, may, be able to
vouloir *irreg* ..............to want (to)

### Very important verbs

arriver*........................to arrive, happen
chercher.......................to look for
commander...................to order
se coucher* ..................to go to bed
coûter ..........................to cost
décider (de) .................to decide (to)

déjeuner......................to have lunch
demander.....................to ask (for)
détester .......................to hate
entrer* ........................to go in, into
s'intéresser* à..............to be interested in
se laver* ......................to get washed
monter* ......................to climb, get into
passer...........................to spend time, pass
porter ...........................to wear, carry
visiter...........................to visit (place)

s'appeler* † .................to be called
espérer † .....................to hope
se lever* † ...................to get up
payer † .........................to pay (for)
préférer † .....................to prefer
se promener* † ............to go for a walk

partir* *irreg* .................to leave, set off
sortir* *irreg* .................to come out, go out
sortir *irreg* ..................to take out

descendre*...................to go/come down
dire *irreg* .....................to say, tell
mettre *irreg* .................to put, put on

### Important verbs

aider............................to help
s'amuser* ....................to have a good time
danser .........................to dance
dessiner.......................to draw
désirer..........................to want
durer ...........................to last
fermer ..........................to close, shut
gagner..........................to earn, win
inviter ..........................to invite
montrer ........................to show
oublier .........................to forget
penser ..........................to think
perdre ..........................to lose, waste
poser ............................to put (down)
quitter ..........................to leave
rentrer* ........................to come back

5

| | | | |
|---|---|---|---|
| répondre | to reply, answer | s'en aller* *irreg* | to go away |
| réserver | to reserve | craindre *irreg* | to fear |
| se trouver* | to be situated | croire *irreg* | to think, believe |
| vendre | to sell | disparaître *irreg* | to disappear |
| voler | to fly, steal | offrir *irreg* | to give, offer |
| changer † | to change | promettre *irreg* | to promise |
| envoyer † | to send | se sentir* *irreg* | to feel (eg ill) |
| essayer † | to try (on) | tenir *irreg* | to hold |
| nager † | to swim | | |

**Verbs for perfectionists**

| | |
|---|---|
| dormir *irreg* | to sleep |
| ouvrir *irreg* | to open |

| | |
|---|---|
| assurer | to insure, assure |
| cesser | to cease |
| débuter | to begin |

**Useful verbs**

| | |
|---|---|
| s'arrêter* | to stop (o.s) |
| attendre | to wait (for) |
| se baigner* | to bathe, swim |
| choisir | to choose |
| compter | to count |
| crier | to shout |
| déclarer | to declare |
| laver | to wash |
| louer | to hire, rent |
| marcher | to walk, function |
| pleurer | to weep, cry |
| pousser | to push, grow |
| refuser | to refuse |
| rencontrer | to meet, bump into |
| réparer | to repair |
| retourner* | to return, go back |
| tirer | to pull, shoot |
| tomber* | to fall |
| tourner | to turn |
| traverser | to cross (road, water) |
| se tromper* | to make a mistake |
| trouver | to find |

| | |
|---|---|
| prier | to request, ask, pray |
| raconter | to tell (story) |
| rapporter | to bring back |

| | |
|---|---|
| amener † | to bring |
| appuyer † | to push |
| bouger † | to move |
| mener † | to lead |
| soulever † | to raise, lift up |

| | |
|---|---|
| remplir | to fill, fill in |
| revenir* *irreg* | to return |
| sentir *irreg* | to smell |

| | |
|---|---|
| construire *irreg* | to construct |

## Negatives

| | |
|---|---|
| ne ... aucun | none at all |
| ne ... jamais | never |
| ne ... nulle part | nowhere |
| ne ... pas | not |
| ne ... personne | no-one |
| ne ... plus | no longer |
| ne ... que | only |
| ne ... rien | nothing |
| ni ... ni | neither ... nor |
| pas encore | not yet |
| pas mal de | quite a few |

| | |
|---|---|
| jeter † | to throw |
| nettoyer † | to clean |
| posséder † | to possess |
| voyager † | to travel |

## Prepositions

### High frequency prepositions

| | |
|---|---|
| **à** | to, at |
| **au/à l'/à la/aux** | to the, at the |
| **après** | after |
| **avant** | before |
| **avec** | with |
| **chez** | at (the house of) |
| **chez moi** | at home |
| **dans** | in |
| **derrière** | behind |
| **devant** | in front of |
| **du/de l'/de la/des** | of the |
| **pour** | for, in order to |
| **sous** | under |
| **sur** | on |

### Very important prepositions

| | |
|---|---|
| de | of, from |
| depuis | since |
| en | in |
| en face de | opposite |
| entre | between |
| jusqu'à | as far as, until |
| par | by, through |
| pendant | during |
| près de | near |
| sans | without |
| vers | towards |

### Important prepositions

| | |
|---|---|
| à cause de | because of |
| à côté de | next to |
| à part | beside, apart from |
| à travers | through |
| au bord de | on the side of |
| au bout de | at the end of |
| au dessous de | under |
| au dessus de | above |
| au fond de | at the bottom of |
| au lieu de | instead of |
| au milieu de | in the middle of |

| | |
|---|---|
| autour de | surrounding |
| contre | against |
| dès | from (date/time) |
| en dehors de | outside of |
| hors (de) | outside, out of |
| le long de | along |
| malgré | in spite of |
| par-dessus | over |
| parmi | among |
| à peu près | about |
| quant à | as for |
| sauf | except |
| selon | according to |

## Conjunctions

### High frequency conjunctions

| | |
|---|---|
| **et** | and |
| **mais** | but |
| **ou** | or |
| **parce que** | because |
| **que** | that |
| **si** | if |

### Important conjunctions

| | |
|---|---|
| à cause de | because of |
| car | because |
| comme | as |
| pendant que | while |
| quand | when |

### Useful conjunctions

| | |
|---|---|
| afin de | in order to |
| alors que | just as, while |
| dès que | as soon as |
| dont | whose |
| lorsque | when |
| or | now |
| puisque | since |
| tandis que | while |

## Connectives

| | |
|---|---|
| alors | so |
| aussi | also |
| bien entendu | obviously |
| c'est-à-dire | that is (to say) |
| d'abord | first of all |
| de l'autre côté | on the other hand |
| donc | so |
| d'un côté | on the one hand |
| ensuite | after that |
| évidemment | obviously |
| même si | even if |
| par contre | on the other hand |
| par exemple | for example |
| pourtant | however |
| puis | then |
| sans doute | doubtless |
| y compris | including |

## Questions

### High frequency question words

| | |
|---|---|
| **Combien (de) ...?** | How (many) ...? |
| **Comment?** | How? |
| **Est-ce que ...?** | Do you, etc? |
| **Où?** | Where? |
| **Pourquoi?** | Why? |
| **Quand?** | When? |
| **Qui?** | Who? |

### Important question words

| | |
|---|---|
| Comment est...? | What is ... like? |
| D'où? | Where from? |
| Où ça? | Where exactly? |
| Où est ...? | Where is ...? |
| Peut-on...? | Can we...? |

| | |
|---|---|
| Puis-je...? | May I...? Can I...? |
| Que? | What? |
| Quel, Quels? (m) | Which? |
| Quelle, Quelles? (f) | Which? |
| Qu'est-ce que? | What (as object)? |
| Qu'est-ce qui? | What (as subject)? |
| Quoi? | What? |

### Useful questions

| | |
|---|---|
| A quelle heure? | At what time? |
| Ça coûte combien? | What does it cost? |
| C'est combien? | How much is it? |
| Ça fait combien? | How much is that? |
| Ça s'écrit comment? | How do you spell it? |
| Ça va? | Are you OK? |
| C'est quel jour? | What day is it? |
| Combien de temps? | How long? |
| Comment dit-on ... en français? | How do you say ... in French? |
| Comment t'appelles-tu? | What's your name? |
| Depuis quand? | For how long? |
| De quelle couleur? | What colour? |
| De quelle direction? | Where from? |
| De quoi s'agit-il? | What's it about? |
| Est-ce que je pourrais ...? | Could I ...? |
| Pour combien de temps? | How long for? |
| Quel âge as-tu? | How old are you? |
| Quelle est la date? | What's the date? |
| Quelle heure est-il? | What time is it? |
| Qu'est-ce que c'est? | What is it? |
| Que veut dire ...? | What does ... mean? |
| Qu'est-ce qui se passe? | What's happening? |
| Qu'est-ce qu'il y a? | What's the matter? |
| Tous les combien? | How often? |

## Les nombres cardinaux                    Cardinal numbers

| | | | | | |
|---|---|---|---|---|---|
| 0 | zéro | 20 | vingt | 80 | quatre-vingts |
| 1 | un, une | 21 | vingt et un | 81 | quatre-vingt-un |
| 2 | deux | 22 | vingt-deux | 82 | quatre-vingt-deux |
| 3 | trois | 23 | vingt-trois | 90 | quatre-vingt-dix |
| 4 | quatre | 24 | vingt-quatre | 91 | quatre-vingt-onze |
| 5 | cinq | 25 | vingt-cinq | 92 | quatre-vingt-douze |
| 6 | six | 26 | vingt-six | 100 | cent |
| 7 | sept | 27 | vingt-sept | 101 | cent un |
| 8 | huit | 28 | vingt-huit | 105 | cent cinq |
| 9 | neuf | 29 | vingt-neuf | 110 | cent dix |
| 10 | dix | 30 | trente | 150 | cent cinquante |
| 11 | onze | 31 | trente et un | 300 | trois cents |
| 12 | douze | 40 | quarante | 308 | trois cent huit |
| 13 | treize | 41 | quarante et un | 400 | quatre cents |
| 14 | quatorze | 50 | cinquante | 406 | quatre cent six |
| 15 | quinze | 60 | soixante | 1000 | mille |
| 16 | seize | 70 | soixante-dix | 2011 | deux mille onze |
| 17 | dix-sept | 71 | soixante et onze | 5000 | cinq mille |
| 18 | dix-huit | 72 | soixante-douze | 1.000.000 | un million |
| 19 | dix-neuf | 79 | soixante-dix-neuf | 1.000.000.000 | un milliard |

**Remember that :** vingt et un, trente et un, quarante et un, cinquante et un, soixante et un, soixante et onze **are not** hyphenated, but quatre-vingt-un and quatre-vingt-onze **are** hyphenated.

## Des quantités approximatives              Approximate quantities

la dizaine ...................... about 10          la cinquantaine ......... about 50
la douzaine .................. about 12          la centaine ................ about 100
la vingtaine .................. about 20          la moitié ................... half
la trentaine .................. about 30          un tiers de ................. a third of

## La date                                      The date

C'est aujourd'hui le premier septembre .................... Today is September 1st
C'est aujourd'hui le deux janvier ............................. Today is January 2nd
C'est aujourd'hui le huit mars ................................. Today is March 8th
C'est aujourd'hui le onze avril ................................ Today is April 11th
C'est aujourd'hui le dix-neuf mai ............................ Today is May 19th
C'est aujourd'hui le quatorze juillet ........................ Today is July 14th
Mon anniversaire est le dix novembre ...................... My birthday is November 10th
Je suis né(e) en dix-neuf cent quatre-vingt-seize ....... I was born in 1996

## Les nombres ordinaux

premier, première ........ first
deuxième ..................... second
troisième ..................... third
quatrième ..................... fourth
cinquième ................. fifth
sixième ......................... sixth
septième ..................... seventh
huitième ..................... eighth
neuvième ..................... ninth
dixième ......................... tenth
onzième ..................... eleventh
douzième ..................... twelfth

## Ordinal numbers

treizième ..................... thirteenth
quatorzième ............... fourteenth
quinzième.................... fifteenth
seizième ..................... sixteenth
dix-septième............... seventeenth
dix-huitième............... eighteenth
dix-neuvième ............. nineteenth
vingtième ..................... twentieth
vingt et unième ........... twenty-first
vingt-deuxième ........... twenty-second

## Quelle heure est-il?

Il est une heure ....................................... It is one o'clock
Il est deux heures.................................... It is two o'clock
Il est trois heures cinq ............................. It is five past three
Il est quatre heures dix ............................ It is ten past four
Il est cinq heures et quart ........................ It is quarter past five
Il est six heures vingt .............................. It is twenty past six
Il est sept heures vingt-cinq .................... It is twenty-five past seven
Il est huit heures et demie ....................... It is half past eight
Il est deux heures moins vingt-cinq ......... It is twenty-five to two
Il est trois heures moins vingt ................. It is twenty to three
Il est quatre heures moins le quart .......... It is quarter to four
Il est cinq heures moins dix..................... It is ten to five
Il est six heures moins cinq ..................... It is five to six

Il est midi ............................................... It is midday, noon
Il est midi cinq........................................ It is five past twelve (midday)
Il est midi et quart .................................. It is quarter past twelve (midday)
Il est midi moins le quart......................... It is quarter to twelve (midday)
Il est minuit ............................................ It is midnight
Il est minuit dix ...................................... It is ten past twelve (midnight)
Il est minuit et demi(e)............................ It is half past twelve (midnight)
Il est minuit moins dix ............................ It is ten to twelve (midnight)

Il est vingt heures (20h) ........................... 20:00
Il est vingt-deux heures quinze (22h15)................... 22:15
Il est dix-huit heures trente (18h30)......................... 18:30
Il est treize heures quarante-cinq (13h45)............... 13:45

## Telling the time

10

## Cela dure:       It lasts:

un quart d'heure ........... a quarter of an hour
une demi-heure ............. half an hour
trois quarts d'heure ...... ¾ of an hour
une heure ...................... an hour
une heure et quart ......... an hour and a quarter
une heure et demie ....... an hour and a half
une minute ................... a minute
une quinzaine .............. a fortnight
quinze jours ................. a fortnight
une seconde ................. a second
un siècle ...................... century

## Matin, midi et soir
### Parts of the day

le jour .......................... day
la journée ..................... day
la nuit .......................... night
le matin ........................ morning
la matinée .................... morning
l'après-midi (m) ........... afternoon
le soir ........................... evening
la soirée ....................... evening
tous les jours ................ every day
tous les mois ................ every month
la veille ....................... the day before

## Les jours de la semaine
### Days of the week

lundi ............................ Monday
mardi ........................... Tuesday
mercredi ...................... Wednesday
jeudi ............................ Thursday
vendredi ...................... Friday
samedi ......................... Saturday
dimanche ..................... Sunday

## Les mois de l'année
### Months of the year

janvier ........................ January
février ......................... February

mars ........................... March
avril ........................... April
mai ............................. May
juin ............................. June
juillet ......................... July
août ............................ August
septembre ................... September
octobre ....................... October
novembre .................... November
décembre .................... December

## Les saisons       Seasons

l'hiver (m) ................... winter
le printemps ................. spring
l'été (m) ...................... summer
l'automne (m) .............. autumn

## Opinions

Quel est ton avis? ........ What's your opinion?
Quel est votre avis? ..... What's your opinion?
J'aime .......................... I like
Je n'aime pas ............... I don't like
J'adore ......................... I love
Je déteste ..................... I hate
J'ai horreur de ... ........ I hate ...
Je ne supporte pas ... .. I can't stand ...
J'en ai marre ................ I'm fed up with it

Je préfère ..................... I prefer
J'aime mieux ............... I prefer
Je suppose que oui ........ I suppose so
Je suis de ton avis ......... I agree
Je suis de votre avis ...... I agree
Je suis d'accord ............ I quite agree
Tu as raison ................. You are right
Vous avez raison .......... You are right
Moi, je pense que ... ... I think that ...
Je crois que oui ............. I think so
Je dois admettre que .... I must admit that
Je ne sais pas ............... I don't know
A mon avis ................... in my opinion

A vrai dire .................to be honest
C'est possible .............It's possible
Cela dépend................That depends
On dit que ... .............They say that ...
Bien sûr .....................Certainly
La plupart des gens sont d'accord
...............................Most people agree
Tout le monde est d'accord
...............................Everyone is agreed
au contraire..................on the contrary
Je ne crois pas .............I don't think so
Vous avez/Tu as tort ....You are wrong
Je ne suis pas d'accord .I don't agree
A mon avis, c'est la faute de ...
...............................I blame ...
Tant pis......................Too bad
Tant mieux .................So much the better

## Justifications

**Je l'aime parce que:  I like it because:**
c'est amusant...............it's amusing
c'est délicieux .............it's delicious
c'est facile ..................it's easy
c'est intéressant...........it's interesting
c'est passionnant ..........it's fascinating
c'est superbe................it's wonderful
c'est utile.....................it's useful
il est sympa..................he's nice
elle est gentille ............she's nice

ça me divertit...............it amuses me
ça me fait rire ..............it makes me laugh
ça m'intéresse..............it interests me
ça me passionne ..........it fascinates me
ça me plaît ..................I like it
ça vaut la peine............it's worth it

**Je ne l'aime pas car:  I don't like it as:**
c'est compliqué ...........it's complicated
c'est dégoûtant ............it's disgusting
c'est difficile ...............it's difficult
c'est embêtant .............it's annoying
c'est énervant .............it's annoying

c'est ennuyeux............. it's boring
c'est horrible............... it's horrible
c'est incroyable .......... it's unbelievable
c'est infect .................. it's absolutely
                                        disgusting
c'est pénible................ it's awful

c'est trop cher ............. it's too expensive
c'est trop compliqué .... it's too complicated
c'est trop court............ it's too short
c'est trop difficile ....... it's too difficult
c'est trop loin.............. it's too far away
c'est trop long............. it's too long
c'est une perte de temps
............................. it's a waste of time
c'est sans intérêt pour moi
............................. it doesn't interest me
ce n'est pas pratique .... it's not practical
ce n'est pas possible .... it's not possible

ça m'agace.................. it irritates me
ça m'embête ............... it annoys me
ça m'énerve ................ it gets on my nerves
ça m'ennuie ................ it bores me
ça me fatigue .............. it makes me tired
ça ne me va pas........... it doesn't suit me
ça ne me dit rien .......... I'm not keen
ça ne vaut pas grand-chose
............................. it's not worth much
je n'ai pas d'argent ...... I have no money
je n'ai pas le temps ...... I haven't time
j'en ai assez ................ I've had enough
j'en ai marre .............. I'm fed up with it

## Excuses

Excusez-moi ............... I'm sorry
Quel dommage ........... What a pity
Je ne l'ai pas fait exprès
.......................I didn't do it on purpose
Je suis désolé ............. I am very sorry
Pardon! ...................... Sorry!
Excusez-moi de vous déranger
.......................I'm sorry to bother you

## Neutral comments

Ça m'est égal...............I'm not bothered
Ça ne fait rien..............It doesn't matter
De rien.........................Don't mention it
Il n'y a pas de mal........There's no harm
                                   done
Il n'y a pas de quoi.......Don't mention it
Il s'agit de ... .............It's about ...
Je vous en prie.............Don't mention it
Ne vous en faites pas ...Don't worry
N'en parlons plus.........Let's forget it
N'importe.....................It doesn't matter
On verra ......................We'll see
Peut-être......................Perhaps
Sans doute...................Without doubt
Je n'ai pas la moindre idée
                    ......................I haven't the faintest idea
Je m'en doutais ...........I thought so

## Les salutations   Greetings, etc

Assieds-toi ..................Sit down
Asseyez-vous ..............Sit down
A bientôt .....................See you soon
A demain.....................See you tomorrow
A plus tard...................See you later
A tout à l'heure ...........See you later
Attention! ....................Look out!
Au revoir .....................Goodbye
A votre service ............At your service
Bon courage ...............Good luck
Bonjour ......................Hello
Bon séjour ..................Enjoy your stay
Bonsoir.......................Good evening

Bon voyage..................Have a good journey
Bon week-end..............Have a nice weekend
Bonne idée! .................Good idea!
Bonne nuit ..................Good night

s'il te plaît...................please
s'il vous plaît...............please
Mesdames, Messieurs
                .............................Ladies and Gentlemen
merci............................thank you
merci pour tout .............thank you for
                              everything

Allô.............................Hello (phone)
Amitiés .......................Best wishes
Bienvenue...................Welcome!
Enchanté.....................How do you do?
                              Pleased to meet you
Entrez .........................Come in
Salut............................Hi

Au feu! ........................Fire!
Au secours!..................Help!
Bravo!..........................Well done!
Ça alors! ......................Good grief!
Hélas! ..........................Alas!
Mon Dieu! ...................Oh my God!
Zut!..............................Blow! Blast!

alors.............................now then
eh bien ........................well

oui................................yes
non...............................no

## Le temps　　　Weather

le bulletin météo..........weather forecast
la météo marine............shipping forecast
la photo satellite..........satellite picture
la prévision.................forecast

l'averse (f)...................shower, downpour
le brouillard.................fog
une éclaircie................sunny interval
le gel...........................frost
la neige........................snow
le nuage.......................cloud
l'orage (m)...................storm
la pluie.........................rain
le soleil........................sun, sunshine
la température..............temperature
la tempête....................storm
le tonnerre...................thunder
le vent..........................wind

le ciel...........................sky
la chaleur.....................heat
le climat.......................climate
le degré........................degree
la glace........................ice
l'humidité (f)...............dampness, humidity
la lune..........................moon
la mer...........................sea
l'ombre (f)...................shadow, shade
la précipitation.............precipitation

l'amélioration (f).........improvement
l'arc-en-ciel (m)...........rainbow
la brume......................mist
l'éclair (m)...................flash of lightning
la goutte......................drop
la grêle........................hail
la pression...................pressure
le verglas....................black ice
la visibilité..................visibility

## Quel temps fait-il aujourd'hui?
### What is the weather like today?

Il fait 30 (degrés)........It is 30 degrees
Il fait beau...................It is fine
Il fait chaud.................It is hot
Il fait froid..................It is cold
Il fait jour...................It is light
Il fait mauvais.............The weather is bad
Il fait noir...................It is dark
Il fait nuit...................It is dark

Il y a du brouilllard......It is foggy
Il y a des éclairs..........It is lightning
Il y a des nuages.........It is cloudy
Il y a de l'orage..........It is stormy
Il y a du soleil.............It is sunny
Il y a du vent..............It is windy

Il gèle..........................It is freezing
Il grêle........................It is hailing
Il neige.......................It is snowing
Il pleut.......................It is raining
Il tonne.......................It is thundering

Le soleil brille.............The sun is shining

fondre..........................to melt

## Quand?　　　　　　When?

aujourd'hui.................today
après-demain..............the day after
　　　　　　　　　　　　tomorrow
de temps en temps.......from time to time
demain........................tomorrow
généralement..............usually
quelquefois.................sometimes
souvent......................often
tout à l'heure...............recently, soon

**D'après la météo**
  **According to the weather forecast**
**Demain ...**                    **Tomorrow ...**
il fera 30 (degrés)........ it will be 30 degrees
il fera beau ................. it will be fine
il fera chaud ................ it will be hot
il fera froid ................ it will be cold

il y aura du brouillard... it will be foggy
il y aura des éclaircies
        ........................ there will be bright spells
il y aura des nuages...... it will be cloudy
il y aura de l'orage ....... it will be stormy
il y aura du soleil.......... it will be sunny
il y aura du vent .......... it will be windy

**Hier ...**                      **Yesterday ...**
il faisait 30 (degrés) ..... it was 30 degrees
il faisait beau............... it was fine
il faisait chaud............. it was hot
il faisait froid .............. it was cold
il faisait mauvais ........ the weather was bad

il y avait du brouillard.. it was foggy
il y avait des éclaircies
        ........................there were bright spells
il y avait des nuages .... it was cloudy
il y avait du soleil......... it was sunny
il y avait du vent.......... it was windy

il gelait ........................ it was freezing
il neigeait .................... it was snowing
il pleuvait ................... it was raining

| **Des adjectifs** | **Some adjectives** |
|---|---|
| bleu.............................blue |
| brumeux.......................misty |
| couvert........................cloudy |
| dégagé ........................clear |
| ensoleillé .....................sunny |
| humide.........................wet |
| lourd ............................heavy, sultry |
| maximum.....................maximum |
| meilleur .......................better |
| minimum .....................minimum |
| mouillé.........................wet |
| neigeux ........................snowy |
| nuageux .......................cloudy |
| orageux........................stormy |
| pluvieux.......................rainy |
| sec................................dry |
| tiède.............................mild |
| trempé..........................soaked |
| variable........................variable, changeable |

annoncer † ................... to announce, forecast
prévenir *irreg* .............. to warn
prévoir *irreg* ................ to forecast

se baisser* ................... to lower
briller............................ to shine
éclater .......................... to burst
geler † .......................... to freeze
neiger † ........................ to snow
pleuvoir *irreg* .............. to rain
se refroidir* ................. to get colder
souffler ........................ to blow
tonner........................... to thunder
varier ........................... to vary

# LIFESTYLE

## HEALTH

**Les parties du corps   Parts of the body**

le bras...........................arm
la dent...........................tooth
le doigt..........................finger
le dos............................back
l'estomac (m)...............stomach
la gorge.........................throat
la jambe........................leg
la main..........................hand
l'oreille (f)...................ear
le pied...........................foot
la tête............................head

la bouche.....................mouth
les cheveux (m)...........hair
le cou............................neck
la figure.......................face
le front..........................forehead
la joue...........................cheek
la langue......................tongue
la lèvre.........................lip
le menton.....................chin
le nez............................nose
l'œil (m), les yeux........eye, eyes
les traits (m)................features
le visage.......................face

la cheville....................ankle
le coude.......................elbow
la cuisse.......................thigh
le doigt de pied............toe
l'épaule (f)..................shoulder
le genou.......................knee
le membre....................limb
l'ongle (m)...................finger nail
l'orteil (m)...................toe
le poignet.....................wrist
le poing.........................fist
la poitrine....................chest, bust

le pouce.......................thumb
le poumon....................lung
la santé........................health
les seins (m)................breasts
la taille.........................waist
le ventre.......................stomach, tummy

le cerveau....................brain
le cœur.........................heart
le foie...........................liver
le muscle......................muscle
l'os (m)........................bone
la peau.........................skin
le sang..........................blood
la veine........................vein
la voix..........................voice

**Qu'est-ce qui ne va pas?**
**What's wrong?**

allergique à..................allergic to
antiseptique.................antiseptic
asthmatique.................asthmatic
certain..........................certain, sure
diabétique....................diabetic
enrhumé.......................suffering from a cold
grave............................serious
malade..........................ill
souffrant.......................unwell

aigu..............................acute, sharp
efficace........................effective
enflé.............................swollen
fiévreux........................feverish
fragile...........................delicate
handicapé.....................handicapped
mort.............................dead
sûr...............................certain
surprenant....................surprising

16

aïe! ..............................ouch! ow!

aller bien* *irreg* ..........to be well

aller mal* ....................to be ill

aller mieux* ................to be better

avaler...........................to swallow

brûler...........................to burn

se brûler* la main.........to burn one's hand

se casser* le bras..........to break one's arm

se couper* le doigt.......to cut one's finger

exister..........................to exist

faire mal *irreg* .............to hurt

se fouler* la cheville ....to sprain one's ankle

avoir l'air *irreg*.............to look, seem

avoir chaud...................to be hot

avoir de la fièvre ..........to have a raised temperature

avoir froid ....................to be cold

avoir mal ......................to hurt

avoir mal à la gorge .....to have a sore throat

avoir mal à la tête........to have a headache

avoir mal à l'estomac...to have stomach ache

avoir mal à l'oreille......to have earache

avoir mal au cœur........to feel sick

avoir mal au dos...........to have backache

avoir mal au ventre ......to have stomach ache

avoir mal aux dents ......to have toothache

avoir sommeil...............to be sleepy

avoir un rhume .............to have a cold

s'enrhumer* ................to catch a cold

être fatigué *irreg* ..........to be tired

guérir...........................to cure

ordonner ......................to prescribe

se remettre* *irreg*........to get better

se sentir* *irreg* ............to feel

soulager † ....................to relieve pain

tomber* malade............to fall ill

**Les problèmes de santé**
**Health problems**

le coup de soleil...........sunburn

la diarrhée....................diarrhoea

la fatigue......................tiredness, fatigue

la fièvre........................raised temperature

la grippe.......................flu

l'insolation (f)...............sunstroke

la maladie ....................illness

le mal de mer................sea-sickness

le mal de tête ...............headache

un problème d'estomac ...upset stomach

les règles (f)..................period

le rhume.......................cold

la toux..........................cough

la blessure....................injury

la chute ........................fall

la crise cardiaque..........heart attack

la douleur.....................pain

l'indigestion (f)............indigestion

le rhume des foins ........hay fever

le symptôme ................symptom

constipé ......................constipated

l'abeille (f)...................bee

la bestiole ...................creepy-crawly

la guêpe .......................wasp

l'insecte (m) ................insect

la mouche ....................fly

le moustique ................mosquito

la piqûre (d'insecte) .....(insect) sting, bite

**Chez le médecin et chez le dentiste**
**At the doctor's and at the dentist's**

l'analyse de sang ..........blood test

le cabinet .....................surgery (place)

la clinique....................clinic

le médicament .............medicine, treatment

l'ordonnance (f)...........prescription

le problème...................problem

le remède .....................remedy

le rendez-vous .............appointment

| | |
|---|---|
| le traitement................treatment | frissonner.................. to shiver |
| un accident ................accident | s'inquiéter* †.............. to be worried |
| l'ambulance (f)............ambulance | introduire *irreg*........... to insert |
| l'appel d'urgence (m)...emergency phone call | mordre ........................ to bite |
| l'assurance (f)..............insurance | renverser..................... to run over |
| l'attestation du médecin (f) | reprendre connaissance *irreg* ..to come round |
| ...............................doctor's certificate | saigner ........................ to bleed |
| le fauteuil roulant ........wheelchair | se sentir* bien *irreg*..... to feel well |
| une fois........................once | se sentir* mal *irreg*...... to feel ill |
| les frais (m) .................expenses, cost | transpirer..................... to sweat |
| l'opération (f)..............operation | vomir ......................... to vomit |
| la piqûre.......................injection | |
| le plâtre.......................plaster (bones) | **A la pharmacie    At the chemist's** |
| le plombage.................filling | la pharmacie de garde.. duty chemist |
| les premiers soins (m) ..first aid | la croix verte.............. green cross (sign) |
| la radio........................X-ray | |
| le rayon X....................X-ray | l'analgésique (m)......... pain-killer |
| le secours.....................help, assistance | les antibiotiques (m).... antibiotics |
| le soin .........................care | l'aspirine (f)................ aspirin |
| | le cachet...................... tablet, pill |
| aller* voir *irreg*...........to go and see | la cuillerée .................. spoonful |
| se blesser* ...................to hurt o.s | le cachet...................... tablet |
| se cogner* la tête..........to bang one's head | le comprimé................ tablet, pill |
| écraser ........................to run over, crush | le pansement............... plaster, dressing |
| fumer ..........................to smoke | la pastille ................... throat sweet |
| garder le lit .................to stay in bed | la serviette hygiénique. sanitary towel |
| se heurter* contre.........to bump into | le sirop ....................... cough medicine |
| informer.......................to inform | le sparadrap®............. plaster, elastoplast® |
| piquer .........................to sting, to inject | le suppositoire ............ suppository |
| prendre la température *irreg* | le tampon hygiénique .. tampon |
| ...............................to take temperature | la température............. temperature |
| prendre rendez-vous ....to make an appointment | |
| tousser ........................to cough | l'après-rasage (m)........ after shave |
| traiter ..........................to treat | le coton hydrophile...... cotton wool |
| | la crème ...................... cream |
| avoir peur *irreg* ...........to be afraid | la crème antiseptique ... antiseptic cream |
| conseiller.....................to advise | la crème après-soleil.... after-sun cream |
| devenir* *irreg*..............to become | la crème solaire........... sun cream |
| éternuer.......................to sneeze | le dentifrice................. toothpaste |
| être admis à l'hôpital *irreg* | le flacon ...................... bottle (perfume) |
| ...............................to be admitted to hospital | le mouchoir en papier.. tissue |
| faire venir le médecin *irreg* | le savon....................... soap |
| ...............................to send for the doctor | le tube ........................ tube |

# HEALTHY/UNHEALTHY LIFESTYLES

**Un mode de vie équilibré**
                 **A healthy lifestyle**
l'aliment bio (m) .......... organic food
l'alimentation (f) (saine) .. (healthy) diet
les aliments naturels (m) .. organic foods
de bons choix alimentaires
............................... good food choices
les fruits (m) ................ fruit
les légumes (m) ............ vegetables
la nourriture................. food
les produits laitiers (m) ..... dairy products
les vitamines (f) ........... vitamins

l'activité (physique) ..... (physical) activity
l'aérobic (m) ................ aerobics
l'entraînement quotidien (m) .. daily work-out
la forme ........................ fitness, shape
l'hygiène (f) ............... hygiene
la santé ........................ health
le sommeil ................... sleep
la vie ............................ life
le yoga ......................... yoga

bon pour la santé ......... healthy
en bonne santé............. in good health
en (bonne) forme.......... fit
indispensable............... essential, vital
sain ............................. healthy
souple ......................... athletic, supple
végétarien, végétarienne .. vegetarian

For **opinions** see page 11

**Un mode de vie peu équilibré**
                **An unhealthy lifestyle**
les additifs alimentaires (m)
............................... food additives
la boisson sucrée ......... sweet drink
la boisson gazeuse........ fizzy drink
la graisse ..................... fat
la matière grasse.......... fat content
la restauration rapide.... fast food
les sucreries (f)............ sweet things

**Les conséquences**     **Consequences**
l'anorexie (f)................ anorexia
une attaque ................... a stroke
la boulimie................... bulimia
le diabète ..................... diabetes
les maladies cardiovasculaires
............................... heart disease
l'obésité ...................... obesity
le poids malsain............ unhealthy weight
le régime ..................... diet

malsain ........................ unhealthy
(pas) en forme ............. (un)fit
sédentaire..................... sedentary
trop de caféine ............. too much caffeine

subir les conséquences
...................... to suffer the consequences
s'entraîner*.................. to train
désintoxiquer............... to detox
éviter........................... to avoid
faire de l'exercice *irreg*.... to exercise
garder la ligne.............. to keep slim
maîtriser le diabète ....... to control diabetes
s'habituer* à ................ to get used to
se mettre* au régime *irreg* . to go on a diet
peser † ........................ to weigh
se reposer*................... to rest
surveiller son alimentation
............................... to watch one's diet

**On achète à manger**   **Buying food**
**A la boulangerie**     **At the baker's**
la baguette ................... baguette
la brioche..................... brioche
le croissant................... croissant
le gâteau ...................... cake
le pain ......................... bread, loaf
la pâtisserie.................. pastries, cakes
le petit pain .................. bread roll
la tarte......................... tart

## A l'épicerie    At the grocer's
le beurre......................butter
le biscuit......................biscuit
le bonbon.....................sweet
le café...........................coffee
les céréales (f)..............cereals
les chips (m)................crisps
le chocolat...................chocolate
les corn-flakes (m).......cornflakes®
le fromage....................cheese
la glace........................ice cream
l'œuf (m)......................egg
le pain grillé.................(ready) toasted bread
le riz............................rice
le soja..........................soya
la soupe........................soup
le sucre.........................sugar
le yaourt.......................yoghurt

la confiture..................jam
la confiture d'orange....marmalade
les conserves (f)...........tinned food
la crème........................cream
la farine.......................flour
l'huile (d'olive) (f).......(olive) oil
la margarine.................margarine
le miel..........................honey
la moutarde..................mustard
les pâtes (f)..................pasta
le poivre.......................pepper
le sel............................salt
les spaghettis (m).........spaghetti
le vinaigre....................vinegar

## Des boissons    Drinks
le Coca-Cola®..............Coca-Cola®
le jus de fruit...............fruit juice
le lait...........................milk
le lait entier..................full milk
le lait demi-écrémé.......semi-skimmed milk
le lait écrémé...............skimmed milk
la limonade..................lemonade

l'orangina® (m)...........orangina®
le thé...........................tea
la tisane.......................herbal tea

l'alcool (m)..................alcohol
l'eau minérale (f)..........bottled water
le vin (rouge/blanc).....(red/white) wine

alcoolisé.......................containing alcohol
non-alcoolisé...............non-alcoholic
pétillant.......................sparkling, fizzy
rosé.............................rosé (wine)

## La viande    Meat
le bifteck.....................steak
le bœuf.........................beef
le boeuf haché..............mince, minced beef
le canard......................duck
la côtelette...................chop
le hamburger...............hamburger
le jambon....................ham
le porc.........................pork
le poulet......................chicken
le rôti..........................joint, roast meat
la saucisse...................sausage
le saucisson.................salami sausage
le steak........................steak

l'agneau (m)................lamb
la dinde.......................turkey
les escargots (m)..........snails
le gigot........................leg of lamb
la merguez..................spicy sausage
le veau.........................veal
la viande de cheval......horsemeat
la volaille....................poultry

## Des légumes    Vegetables
la carotte.....................carrot
le champignon.............mushroom
le haricot (vert)............(French) bean
les petits pois (m)........peas
la pomme de terre........potato

la salade......................lettuce, green salad
la tomate......................tomato

le chou..........................cabbage
le chou de Bruxelles.....Brussels sprout
le chou-fleur.................cauliflower
le concombre...............cucumber
le cornichon..................gherkin
la laitue.........................lettuce
l'oignon (m)................onion

l'ail (m).........................garlic
l'artichaut (m)..............artichoke
l'aubergine (f)..............aubergine
l'avocat (m)..................avocado
la betterave..................beetroot
les brocolis (m)............broccoli
la courgette..................courgette
les épinards (m)............spinach
le maïs..........................sweetcorn
le poireau......................leek
le poivron rouge/vert....red/green pepper
le radis.........................radish

**Des fruits**         **Fruit**
la banane......................banana
la fraise.........................strawberry
la framboise..................raspberry
l'orange (f)..................orange
la pêche........................peach
la pomme......................apple
le raisin.........................grape
le raisin sec..................raisin

l'ananas (m).................pineapple
la cerise........................cherry
le citron........................lemon
le melon........................melon
le pamplemousse..........grapefruit
la poire.........................pear
la prune........................plum

l'abricot (m).................apricot

le cassis........................blackcurrant
le kiwi..........................kiwi
la mandarine................tangerine
la mûre.........................blackberry
la nectarine..................nectarine
la noix..........................walnut, nut
la pastèque...................water melon
le pruneau....................prune

**Des poissons**      **Fish**
l'aiglefin (m)................haddock
les bâtonnets de poisson (m)...fish fingers
le hareng......................herring
la morue.......................cod
la sardine......................sardine
le saumon (fumé).........(smoked) salmon
la sole...........................sole
le thon..........................tuna
la truite........................trout

**Les fruits de mer (m)**   **Sea food**
le crabe........................crab
la crevette....................prawn, shrimp
le homard.....................lobster
les huîtres (f)...............oysters
les moules (f)...............mussels

**C'est comment?**    **What is it like?**
amer.............................bitter
appétissant...................appetising
bio(logique).................organic (vegetables)
de la région..................local
délicieux......................delicious
épicé............................spicy
gras..............................greasy, rich
maison (fait à la maison)..home-made
naturel..........................organic
piquant.........................savoury, spicy
salé..............................savoury, salty
savoureux.....................tasty
sucré............................sweet
tiède.............................lukewarm

| | |
|---|---|
| bleu | very rare (meat) |
| saignant | rare (meat) |
| à point | medium (meat) |
| bien cuit | well cooked |
| | |
| cru | raw, uncooked |
| farci | stuffed |
| râpé | grated |

## Comment préparer cela?
### How do you cook that?

| | |
|---|---|
| au gratin | baked with cheese |
| beurré (bien) | (well) buttered |
| bouilli | boiled |
| en civet | stewed |
| fariné | dipped in flour |
| à feu doux | on a low heat |
| à fond | thoroughly |
| à four moyen | in a moderate oven |
| frit | fried |
| grillé | grilled, toasted |
| rôti | roast |

| | |
|---|---|
| l'ail (m) | garlic |
| le basilic | basil |
| la ciboulette | chives |
| le persil | parsley |
| le romarin | rosemary |
| le thym | thyme |

| | |
|---|---|
| la cannelle | cinnamon |
| les épices (f) | spices |
| le gingembre | ginger |
| la noix de muscade | nutmeg |
| le poivre | pepper |
| le sel | salt |
| le safran | saffron |

| | |
|---|---|
| agiter | to shake |
| battre | to beat |
| couper | to cut |
| couvrir *irreg* | to cover |

| | |
|---|---|
| éplucher | to peel |
| mélanger † | to mix |
| peler † | to peel |
| préparer | to prepare |
| rouler | to roll |
| sucrer | to sweeten |
| verser | to pour |
| vider | to empty |

| | |
|---|---|
| assaisonner | to season |
| découper | to cut up |
| égoutter | to drain |
| faire bouillir *irreg* | to bring to the boil |
| faire cuire | to cook |
| faire fondre | to melt |
| faire revenir | to brown, fry gently |
| parfumer | to flavour |

| | |
|---|---|
| une cuillerée à café | a teaspoonful |
| une cuillerée à soupe | a tablespoonful |
| une pincée de … | a pinch of … |
| un peu de … | a little |

## Ça se vend comment?
### Weights and measures

| | |
|---|---|
| la boîte (en carton) | tin, (cardboard) box |
| la bouteille | bottle |
| le carton | carton, cardboard box |
| le paquet | packet |
| la pièce | item, piece |
| le pot | jar, pot |
| le tube | tube |

| | |
|---|---|
| cent grammes de … | 100 grams of … |
| un demi-litre de … | half a litre of … |
| le gramme | gram |
| le kilo | kilo |
| le litre | litre |
| la livre | 454g, 1lb |
| quelques | some |
| le morceau | piece |
| la tranche, la part | slice |

# RELATIONSHIPS WITH FRIENDS AND FAMILY

**Les amis**        Friends
l'ami (m), l'amie (f) ..... friend
le, la camarade ............ friend
le copain ...................... friend (boy)
la copine ...................... friend (girl)
l'enfant (m)(f) ............. child
la (jeune) fille .............. girl
le garçon ...................... boy
le petit ami .................. boyfriend
la petite amie ............... girlfriend

la dame ........................ lady
la (jeune) femme .......... (young) woman
les gens (m) .................. people
un (jeune) homme ........ (young) man
le monsieur .................. gentleman
le vieillard ................... old man
le voisin, la voisine ...... neighbour

agacer † ....................... to annoy
aller* voir .................... to visit someone
apprécier ...................... to approve of
choisir .......................... to choose
connaître *irreg* ............. to know (person)
détester ....................... to hate
faire la connaissance de *irreg*
.............................. to meet s.o
fréquenter ................... to go out with
larguer ........................ to dump s.o (slang)
supporter .................... to put up with

**L'amitié**         Friendship
l'amour (m) ................. love
l'envie (f) ................... desire, wish
l'espoir (m) ................. hope
la joie .......................... joy
l'optimiste (m)(f) ........ optimist
le, la pessimiste ........... pessimist

**La Famille**      Family
la femme ..................... wife
la fille ......................... daughter

le fils ........................... son
le (demi-)frère ............. (half) brother
la maman ..................... mum
le mari ........................ husband
la mère ........................ mother
le papa ........................ dad
les parents (m) ............. parents, relatives
le père ........................ father
la (demi-)sœur ............. (half) sister

le beau-fils .................. stepson
le beau-père .......... stepfather, father-in-law
le bébé ........................ baby
la belle-fille ................. stepdaughter,
                              daughter-in-law
la belle-mère ............... stepmother,
                              mother-in-law
la compagne ................ partner
le compagnon .............. partner
le cousin, la cousine ..... cousin
l'épouse (f) .................. spouse
l'époux (m) .................. spouse
le fiancé, la fiancée ....... fiancé, fiancée

le beau-frère ................ brother-in-law
la belle-sœur ................ sister-in-law
le gendre ..................... son-in-law
la grand-mère .............. grandmother
le grand-père ............... grandfather
les grands-parents (m) .. grandparents
le neveu ...................... nephew
la nièce ........................ niece
l'oncle (m) ................... uncle
le, la partenaire ............ partner
la petite-fille ................ granddaughter
le petit-fils .................. grandson
les petits-enfants (m) .... grandchildren
la tante ........................ aunt
les jumeaux (m) ............ twins (boys, mixed)
les jumelles (f) ............. twins (girls)

23

adoptif, adoptive...........adopted
âgé ...............................aged, elderly, old
aîné ..............................elder
cadet .............................younger
célibataire ....................single
chaque ..........................each
divorcé..........................divorced
enceinte ........................pregnant
familial ........................of the family
marié.............................married
nombreux......................numerous
unique...........................only (child)

**L'âge**        **Age**
l'an (m), l'année (f)......year
l'anniversaire (m).........birthday
la date de naissance......date of birth
l'enfance (f).................childhood
les gens du troisième âge (m)
..............................senior citizens
la jeune génération ....the younger generation
le retraité .....................retired man
la retraitée....................retired woman
les jeunes mariés (m)....newly-weds

majeur...........................adult, over 18
mineur ..........................under 18

**Comment est-il/elle?**
       **What doe he/she look like?**
la barbe.........................beard
les cheveux (m) ............hair
la coiffure ....................hairdo
la frange.......................fringe
les lunettes (f)..............pair of glasses
la moustache................moustache
les yeux (m).................eyes

aveugle ........................blind
barbu............................bearded
bronzé..........................tanned
costaud ........................stocky, sturdy
handicapé ....................handicapped

infirme .........................disabled
maigre..........................thin
mince ...........................slim
pâle ..............................pale
sourd ............................deaf
trapu.............................stocky
vilain............................ugly, nasty, bad

blond............................blonde
bouclé ..........................curly (wavy)
châtain *inv*...................light brown, chestnut
chauve..........................bald
court.............................short
épais.............................thick (hair)
frisé..............................curly (frizzy)
grisonnant ...................greying
long..............................long
méché...........................streaked
raide ............................straight (hair)
roux..............................red (hair)
teint..............................dyed

habillé de, vêtu de........dressed in
de taille moyenne.........of average height

comprendre *irreg*.........to understand
critiquer ......................to criticise
croire *irreg*..................to believe
désobéir .......................to disobey
discuter .......................to discuss
se disputer*.................to argue
divorcer †...................to get a divorce
duper............................to deceive
empêcher ....................to prevent
s'entendre* avec..........to get on with
s'inquiéter* †..............to be anxious
s'occuper de*..............to look after (person)
se séparer* ..................to separate
rendre visite à qqn .......to visit someone
reprocher qqn de.........to criticise s.o for...

For **pets** see page 70

# RELATIONSHIPS AND CHOICES

| Les gens | People |
|---|---|
| l'ado (m)(f) | teenager |
| l'adolescent (m) | teenager |
| l'adolescente (f) | teenager |
| l'adulte (m)(f) | adult |
| le, la célibataire | single man, woman |
| le divorcé | divorced man |
| la divorcée | divorced woman |
| l'étranger (m) | foreigner, stranger |
| l'étrangère (f) | foreigner, stranger |
| le gamin, la gamine | kid (slang) |
| le, la gosse | kid (slang) |
| la jeunesse | youth, young people |

| | |
|---|---|
| le bonhomme | bloke, chap |
| le gars, le mec | bloke, chap |
| le type | bloke, chap |

| Le caractère | Character |
|---|---|
| le bonheur | happiness |
| le compliment | compliment |
| le comportement | behaviour |
| la différence | difference |
| l'esprit (m) | mind, spirit |
| la façon (de parler) | manner (of speaking) |
| la gentillesse | kindness |
| l'habitude (f) | habit |
| l'humeur (f) | mood |
| l'humour (m) | humour |
| l'intérêt (m) | interest |
| la manière | way, manner |
| la mémoire | memory |
| le moral | morale |
| la personnalité | personality |
| le sentiment | feeling |
| le souci | care, worry, concern |

| Les qualités | Positive qualities |
|---|---|
| le charme | charm |
| la confiance (en soi) | (self-)confidence |
| la curiosité | curiosity |

| | |
|---|---|
| la douceur | gentleness |
| la fierté | pride |
| la générosité | generosity |
| l'imagination (f) | imagination |
| l'intelligence (f) | intelligence |
| la plaisanterie | joke |
| la prudence | care, caution |
| le sens de l'humour | sense of humour |
| la sympathie | liking, friendship |

| Les défauts | Faults |
|---|---|
| l'arrogance (f) | arrogance |
| la colère | anger |
| l'égoïsme (m) | selfishness |
| la honte | shame |
| la jalousie | jealousy |
| la paresse | laziness |

| Des adjectifs utiles | Useful adjectives |
|---|---|
| actif | active |
| aimable | friendly, likeable |
| bavard | talkative |
| calme | calm, quiet |
| charmant | charming |
| déprimé | depressed |
| désordonné | untidy |
| distrait | absent-minded |
| drôle | funny |
| favorable | favourable |
| gâté | spoiled |
| habile | clever, skilful |
| honnête | honest |
| impoli | impolite |
| joyeux | happy, cheerful |
| poli | polite |
| positif | positive |
| raisonnable, sensé | sensible |
| sensible | sensitive |
| sérieux | serious |
| soigneux | careful |
| sûr de soi | confident |

| | |
|---|---|
| bête | stupid |
| cruel | cruel |
| dégoûtant | disgusting |
| désagréable | unpleasant |
| égoïste | selfish |
| embêtant | annoying |
| fâché | angry |
| furieux | angry, furious |
| idiot | idiotic |
| impatient | impatient |
| maladroit | clumsy |
| négatif | negative |
| négligent | negligent, careless |
| nerveux | nervous |

| | |
|---|---|
| bizarre | odd |
| curieux | curious |
| étrange | strange |
| exceptionnel | exceptional |
| indépendant | independent |
| silencieux | silent |
| sportif | sporty, athletic |
| surpris | surprised, amazed |

| | |
|---|---|
| branché | with it |
| doué | gifted |
| dynamique | dynamic |
| équilibré | balanced |
| fier | proud |

| | |
|---|---|
| bien élevé | well brought up |
| de bonne humeur | in a good mood |

| | |
|---|---|
| fou | mad |
| imprudent | careless, foolish |
| insupportable | unbearable |
| jaloux | jealous |
| mal élevé | badly brought up |
| mécontent | discontented |
| têtu | obstinate |
| de mauvaise humeur | in a bad mood |

For more **adjectives** see page 1

## L'intimité — Closer relationships

| | |
|---|---|
| déçu | disappointed |
| encombré | busy, lumbered with |
| marrant | funny |
| mignon | cute, charming |
| mûr | mature |
| romantique | romantic |
| sensible | sensitive |

| | |
|---|---|
| adorer | to love |
| aimer | to love |
| appartenir à *irreg* | to belong to |
| avoir l'air *irreg* | to seem |
| choisir | to choose |
| décrire *irreg* | to describe |
| distinguer | to distinguish |
| se fier* à | to trust |
| fréquenter | to go out with |
| paraître *irreg* | to appear |
| plaisanter | to joke |
| reconnaître *irreg* | to recognise |
| ressembler à | to look like |
| sembler | to seem |
| tomber* amoureux de | to fall in love with |

| | |
|---|---|
| admirer | to admire |
| avoir honte *irreg* | to be ashamed |
| avoir peur | to be afraid |
| bavarder | to chatter |
| se comporter* | to behave |
| se disputer* avec | to quarrel with |
| embrasser | to kiss, hug |
| s'entendre* avec | to get on with |
| exagérer † | to exaggerate |
| faire la bise (à) *irreg* | to kiss |
| faire la connaissance de | to get to know s.o |
| gêner | to embarrass |
| se méfier* de | to mistrust |
| se mettre* en colère *irreg* | to get angry |
| se moquer* de | to make fun of |
| pardonner | to forgive |
| vexer | to annoy |
| vivre en couple *irreg* | to live together |

# FUTURE PLANS (MARRIAGE AND PARTNERSHIP)

| A l'avenir | In the future |
|---|---|
| l'ambition (f) | ambition |
| la carrière | career |
| l'objectif (m) personnel | personal goal |
| l'objectif professionnel | career aim |
| la vie professionnelle | career |

acheter † une voiture.... to buy a car
apprendre à *irreg* .......... to learn to
choisir une carrière ....... to choose a career
conduire *irreg* ............. to drive
faire la cuisine *irreg* ..... to cook
faire du volontariat ....... to do voluntary work
prendre une année sabbatique *irreg*
............................... to take a gap year
finir les études .............. to complete studies
gagner de l'argent ........ to earn money
louer un appartement ... to rent a flat
quitter le foyer............. to leave home
garder contact avec ...... to keep in touch with
voyager † ..................... to travel
voir le monde *irreg* ...... to see the world

For **gap year** see page 83
For **working abroad** see page 90
For **jobs and professions** see page 86
For **education** see page 77
For **people and personality** see page 1
For **opinions** see page 11
For **celebrations** see page 76

| Le mariage | Marriage |
|---|---|
| l'alliance (f) | wedding ring |
| la demoiselle d'honneur | bridesmaid |
| les fiançailles (f) | engagement |
| le marié | bridegroom |
| la (jeune) mariée | bride |
| le mariage arrangé | arranged marriage |
| le mariage civil | civil ceremony |
| les noces (f) | wedding |
| le PACS | civil partnership |

le partenariat civil........ civil partnership
les relations personnelles
............................ personal relationships
le repas de réception..... reception
le soutien ..................... support
le témoin...................... best man

appeler † ...................... to call
divorcer † de................ to get divorced
épeler † ........................ to spell
épouser ........................ to marry
se fiancer* † ................. to get engaged
se marier* (avec)......... to get married (to)
obliger † ...................... to oblige, force
rendre heureux.............. to make s.o happy
rendre heureuse ........... to make s.o happy

| Les problèmes | Problems |
|---|---|
| les avantages (m) | advantages |
| le cercle | circle |
| le cauchemar | nightmare |
| le divorce | divorce |
| la larme | tear |
| le malentendu | misunderstanding |
| le mensonge | lie (untruth) |
| la pression familiale | family pressure |
| la séparation | separation |
| la vieillesse | old age |
| séparé | separated |
| veuf, veuve | widowed |

| La religion | Religion |
|---|---|
| catholique | Catholic |
| chrétien, chrétienne | Christian |
| croyant | a believer, religious |
| hindou (m), hindoue (f) | Hindu |
| juif, juive | Jewish |
| musulman, musulmane | Muslim |
| protestant | Protestant |
| sans religion | of no religion |
| sikh *inv* | Sikh |

# SOCIAL ISSUES AND EQUALITY

| Des problèmes | Problems |
|---|---|
| les boutons (m) | spots, zits |
| le cyber-harcèlement | cyberbullying |
| l'ennui (m) | problem |
| les incivilités (f) | insults |
| le harcèlement | bullying |
| la mode | fashion |
| la musique pop | pop music |
| le rap | rap music |
| le stress | stress |

| La pression ... | Pressure ... |
|---|---|
| des examens | of exams |
| des professeurs | of teachers |
| des pairs | peer pressure |
| des parents | parental pressure |
| des médias | of the media |
| du racisme | of racism |
| de la vie d'aujourd'hui . | ... of life today |

l'âgisme (m) ... ageism
l'allocation (f) ... allowance, benefit
l'asile (m) (politique) ...(political) asylum
le boulot ... job
la crise financière ... credit crunch
le chômage ... unemployment
la colle ... detention
la difficulté ... difficulty
la discrimination ... discrimination
le divorce ... divorce
la drogue ... drug
l'égalité des chances ... equal opportunities
l'emploi (m) ... work
la formation ... training
le handicap ... handicap
l'inconvénient (m) ... disadvantage
le manque d'argent ... lack of money
la peine ... sadness, trouble
le point de vue ... point of view
le racisme ... racism

le sexisme ... sexism
la société laïque ... secular society
le vandalisme ... vandalism
la violence ... violence

les exclus (m) ... the excluded
le réfugié ... refugee
la réfugiée ... refugee

agacé ... annoyed
défavorisé ... disadvantaged
doué ... gifted
ennuyant ... boring
ennuyé ... bored
étonné ... astonished
gâté ... spoiled
obligatoire ... compulsory
privilégié ... privileged
loin de la ville ... a long way out of town
mal informé ... ill-informed
monoparental ... single-parent
sans abri, SDF ... homeless
sans ressources ... destitute
sans travail ... out of work

approuver ... to approve of
se battre* ... to fight
comprendre *irreg* ... to understand
critiquer ... to criticise
se débrouiller* ... to manage
discriminer ... to discriminate
duper ... to deceive
désobéir ... to disobey
dire la vérité *irreg* ... to tell the truth
se disputer* ... to argue
s'ennuyer* † ... to be bored
s'entendre* bien avec .. to get on well with
être sous pression *irreg* ....to be under pressure
exercer † une pression sur .to pressurise
fâcher ... to annoy
se fâcher* ... to get angry

28

| | |
|---|---|
| humilier | to humiliate |
| inclure *irreg* | to include |
| s'inquiéter* † | to worry |
| insulter | to insult |
| mentir *irreg* | to lie |
| négliger † | to neglect |
| permettre *irreg* | to allow |
| se rappeler* † de | to remember |
| renoncer à † | to give up |
| renvoyer † | to expel |
| rigoler | to have fun |
| rougir | to blush |
| soupçonner | to suspect |
| se souvenir* de *irreg* | to remember |

### Problèmes de bien-être
### Welfare problems

| | |
|---|---|
| l'alcool (m) | alcohol |
| les amphétamines (f) | amphetamines |
| la drogue | drug |
| l'héroïne (f) | heroin (drug) |
| le tabac | tobacco |
| | |
| l'alcoolisme (m) | alcoholism |
| l'anorexie (f) | anorexia |
| la boulimie | bulimia |
| la dépendance | addiction (drug) |
| la grossesse (non prévue) | (unplanned) pregnancy |
| l'ivrognerie (f) | drunkenness (habitual) |
| le SIDA | Aids |
| le stress | stress |
| la surdose | overdose |
| le tabagisme | tobacco addiction |
| | |
| le drogué, la droguée | drug addict |
| le fumeur | smoker |
| le renifleur de colle | glue sniffer |
| le toxico | junkie |
| le/la toxicomane | drug addict |

For **healthy/unhealthy lifestyle** see page 19

| | |
|---|---|
| anorexique | anorexic |
| obèse | obese |
| ivre | drunk |
| | |
| abîmer | to damage (health) |
| cracher | to spit |
| se droguer* | to take drugs |
| essayer † une drogue | to try drugs |
| fumer | to smoke |
| grossir | to put on weight |
| maigrir | to lose weight |
| protester | to protest |
| ralentir | to slow down |
| dépenser | to spend (money) |
| | |
| accro (slang) | addicted |
| agité | upset |
| énervé | upset |
| stressé | stressed out |
| tendu | tense |
| | |
| être sous pression *irreg* | to be under pressure |
| exercer † une pression sur | to put pressure on |

### La criminalité
### Crime

| | |
|---|---|
| l'agression (f) | mugging, attack |
| le cambriolage | burglary |
| le cas | case |
| le cri | shout |
| le crime | violent crime |
| la criminalité | petty crime |
| la criminalité armée | gun crime |
| la dispute | fight, quarrel |
| l'énigme (m) | mystery |
| l'enquête (f) | enquiry |
| le jugement | verdict |
| le meurtre | murder |
| la peine | punishment, sentence |
| la récompense | reward |
| le trafic de drogue | drug trafficking |
| le vandalisme | vandalism |
| la violence | violence |
| le vol | theft |

l'agent de police (m) ....policeman
le flic (slang) ...............policeman
l'individu (m) ...............individual
le juge ...........................judge
le juge d'instruction .....examining
                    magistrate
le malfaiteur ................criminal
le prisonnier.................prisoner
le revendeur de drogue. ... drug dealer
le témoin.....................witness
la victime.....................victim
le voleur......................thief

l'arme (f) .....................weapon
l'échelle (f)..................ladder
le fusil.........................rifle
le revolver ..................revolver

l'amende (f).................fine
la bêtise ......................stupid mistake
la découverte ...............discovery
les dégâts (m) ..............damage
le détail........................detail
la dispute ....................argument
l'explication (f) ...........explanation
le motif .......................reason, motive
Police-secours .............police rescue service
la preuve .....................proof
la prison......................prison
la récompense..............reward
le soupçon ..................suspicion
le témoignage .............evidence
la vérité.......................truth

coupable .....................guilty
criminel ......................criminal
effrayant .....................frightening, scary
illégal..........................illegal

inadmissible................inadmissible
inconnu ......................unknown
innocent .....................innocent
mystérieux .................mysterious

agresser......................to assault, mug
s'approcher* de ..........to approach
arrêter.........................to stop, arrest
attaquer ......................to attack
brutaliser.....................to ill-treat
cambrioler..................to burgle
commettre *irreg*..........to commit
condamner .................to condemn
s'échapper*................to escape
s'écrier*......................to shout
effrayer †....................to frighten
s'évader* ...................to escape
frapper .......................to hit
fuire *irreg* .................to flee
jurer ...........................to swear (oath)
pousser un cri.............to shout, scream
saisir...........................to seize
sauver.........................to save, rescue

constater.....................to note
découvrir *irreg*...........to discover
douter.........................to doubt
enfermer.....................to lock up
identifier .....................to identify
interdire *irreg* ............to forbid
intervenir *irreg* ..........to intervene
juger †........................to judge
remarquer...................to notice
se sauver* ..................to run away
surprendre *irreg*..........to surprise, discover
taper sur .....................to hit
trembler .....................to shake, shiver

# LIFE IN FRANCE

For **French speaking countries** see page 62

**La vie de famille     Family life**
embrasser sur les deux joues
............................ to kiss on both cheeks
serrer la main à ............. to shake hands with
tutoyer † ...................... to use «tu»
vouvoyer † ................. to use «vous»

l'apéritif (m)................. pre-dinner drink
le déjeuner du dimanche .. Sunday lunch
la nourriture à emporter ... takeaway food
le plat........................... course (of a meal)
de plus petites portions
............................... smaller portions
la restauration rapide.... fast food
des tranches de pain ..... slices of bread
un verre de vin ............. a glass of wine

aller* au restaurant.... to go to the restaurant
manger † entre les repas
............................... to eat between meals
se mettre* à table *irreg* ..to sit down at table

le marché en plein air... open air market
la boulangerie-pâtisserie .. baker's/cake shop
la boucherie................. butcher's shop
la charcuterie............... delicatessen
l'étal (de marché) (m) ..(market) stall
le jour de marché......... market day
les petites enterprises (f) .. small businesses

acheter † du pain ......... to buy bread
deux fois par jour ........ twice a day

For other **shops** see page 42

**L'éducation          Education**
les cours ...................... lessons
les devoirs .................. homework
deux heures pour le déjeuner
............................... 2 hour lunchtime

commencer † à huit heures
................................ to start at 8.00am
finir à cinq heures de l'après-midi
................................ to finish at 5.00pm
redoubler (une classe) ..to repeat a year

For **education** see page 77
For **examinations** see page 82

**Les vacances          Holidays**
les aoûtiens .................. August
                                    holidaymakers
les juilletistes............... July holidaymakers
les régions A, B ou C ...A, B or C regions
la résidence secondaire. ... holiday home
faire le pont *irreg* ........ to make a long
                                    weekend of it
passer un mois ............. to spend a month

For **holidays** see page 48

**La culture des cafés    Café culture**
le restaurant ................. serves meals
la brasserie................... serves some meals,
                                    hot and cold drinks
le café ......................... serves mainly drinks

For **café** see page 57
For **restaurant** see page 55
For **food** see page 19

**Le commerce et l'industrie**
                     **Commerce and Industry**
Ariane.......................... French space rocket
l'industrie aérospatiale .aerospace industry
l'industrie automobile ..car industry
la haute couture ........... high fashion
la mode ....................... fashion
la parfumerie ............... perfumery
le tourisme................... tourism
les beaux arts .............. fine art

31

**Les sports**       **Sports**
le Tour de France ......... Tour de France
les 24 heures du Mans
............................ Le Mans 24 hour Race
le tournoi des six nations
.................. 6 Nations rugby tournament
le grand-chelem ............ (tennis) grand slam

le ball-trap .................... clay pigeon shooting
le billard français .......... French billiards
l'hippodrome (m) ......... racecourse
le maillot jaune ............. yellow jersey
le vélodrome ................ velodrome

jouer aux boules .......... to play boules
jouer à la pétanque ...... to play pétanque
jouer à la pelote ............ to play pelota

**L'État**          **The state**
L'Académie française .. French Academy
l'arrondissement (m) .... borough in Paris
le Code Napoléon ......... French legal system
le défilé ........................ procession
le drapeau français ....... French flag
le drapeau tricolore ...... French flag
les Droits de l'Homme . Human rights
la fête nationale ........... national holiday
les grandes écoles ......... senior civil service
                                       colleges
l'Hexagone (m) ............ France
l'hymne national (m) .... national anthem
la JAPD ...................... citizenship day
                                       (compulsory)
La Légion d'honneur ... French honour
La Légion étrangère .... French foreign legion
Liberté, Egalité, Fraternité
...................... Liberty, equality, fraternity
le quatorze juillet ......... July 14th
la Marseillaise ............. national anthem
la Révolution française .... French Revolution
les jours fériés ............. public holidays

le képi ........................ policeman's cap
la police ...................... police
l'uniforme (m) ............. uniform

armé ........................... armed
bleu, blanc, rouge ........ tricolore colours

**Les influences extérieures**
                       **External influences**
les anciennes colonies (f) ... former colonies
le français du Canada .. Canadian French
le français des pays africains
............................ African French
le français des pays maghrébins
............................ North African French
l'immigré(e) ................ immigrant
d'origine africaine ....... of African origin
d'origine antillaise ....... of West Indian origin
d'origine asiatique ....... of Asiatic origin
d'origine italienne ....... of Italian origin
d'origine maghrébine .. of North African
                                        origin
le pays d'origine .......... country of origin
le pays en voie de développement
............................ developing country
le premier monde ......... first world countries
le tiers monde ............. the third world

la cuisine .................... cookery
la cuisine arabe ........... Arab cookery
la cuisine algérienne .... Algerian cookery
la cuisine marocaine .... Moroccan cookery
la cuisine libanaise ...... Lebanese cookery
la cuisine tunisienne .... Tunisian cookery
la cuisine vietnamienne
............................ Vietnamese cookery
les ingrédients exotiques .. exotic ingredients

comparer avec ............. to compare with
présenter un contraste avec
............................ to contrast with

# LEISURE
## FREE TIME AND THE MEDIA

| A la télévision | On TV |
|---|---|
| la chaîne | channel |
| le documentaire | documentary |
| l'émission (f) | programme |
| l'émission jeunesse | children's programme |
| l'émission musicale | music programme |
| l'émission sportive | sports programme |
| le débat | discussion |
| le feuilleton | serial, soap |
| les informations (f) | news |
| l'interview (f) | interview |
| la météo | weather forecast |
| les publicités (f) | adverts |
| les pubs (f) | adverts |
| le reportage (sportif) | (sports) report |
| le téléjournal | TV news |
| le débat | talk show |
| les faits divers (m) | news in brief |
| le flash informations | news flash |
| le jeu concours | quiz |
| le journal télévisé | TV news |
| la pièce de théâtre | play |
| le programme de variété | variety programme |
| la série (policière) | (detective) series |
| le talk-show | talk show |
| l'antenne parabolique (f) | satellite dish |
| le lecteur de DVD | DVD player |
| le lecteur Blu-ray | Blu-ray disc player |
| le podcast | podcast |
| le son | sound |
| la télécommande | remote control |
| la télévision câblée | cable TV |
| la télévision par satellite | satellite TV |
| le téléspectateur | viewer |
| actuel | current |

| | |
|---|---|
| interviewer | to interview |
| podcaster | to podcast |
| rire *irreg* | to laugh |
| zapper | to channel-hop |

For **opinions** see page 11

| La musique | Music |
|---|---|
| le jazz | jazz |
| la musique classique | classical music |
| la musique pop | pop music |
| le rap | rap |
| le rock | rock |
| en différé | recorded |
| en direct | live (eg radio) |
| le baladeur | walkman® |
| la chaîne stéréo | stereo system |
| le CD/le disque compact | CD/compact disc |
| le lecteur MP3 | MP3 player |
| la platine laser | CD player |
| la batterie | drum kit |
| la clarinette | clarinet |
| le clavier (électronique) | keyboard |
| la flûte à bec | recorder |
| la guitare | guitar |
| l'instrument (m) | instrument |
| le piano | piano |
| le trombone | trombone |
| la trompette | trumpet |
| le violon | violin |
| la chanson | song |
| la chorale | choir |
| le genre | type, sort |
| le groupe | group |
| l'orchestre (m) | orchestra, band |
| le tube | hit |

chanter dans la chorale
.....................................to sing in the choir
jouer de la batterie........to play the drums
jouer de la clarinette.....to play the clarinet
jouer de la flûte ...........to play the flute
jouer de la guitare.........to play the guitar
jouer du piano..............to play the piano
jouer du saxophone ......to play the sax
jouer du violon ............to play the violin

allumer .........................to switch on
apprécier......................to appreciate
consacrer .....................to devote (time)
enregistrer...................to record
éteindre *irreg*...............to switch off
il s'agit de ... ...............it is about ...
répéter †.......................to practise

**Au cinéma** **At the cinema**
la matinée ....................afternoon performance
la séance ......................(film) screening
l'action (f) ...................plot
le film .........................film
le personnage...............character
le programme ..............programme

l'ouvreuse (f)...............usherette (cinema)
l'héroïne (f) .................heroine
le héros .......................hero
le méchant ..................villain

**Qu'est-ce qu'on passe?** **What's on?**
les actualités (f) ...........news
le dessin animé ............cartoon
le film à suspense ........thriller
le film comique ...........comedy film
le film d'amour............love film
le film d'aventure ........adventure film
le film de guerre ..........war film
le film d'épouvante ......horror film
le film d'espionnage.....spy film
le film d'horreur ..........horror film

le film policier ............. detective film
le film romantique ....... romantic film
le film de science-fiction..science fiction film
le western.................... Western

doublé ......................... dubbed
en version française..... in the French version
en version originale/en VO
................... with the original soundtrack
sous-titré .................... sub-titled

**Au théâtre** **At the theatre**
le ballet ...................... ballet
la comédie.................. comedy
le drame ..................... drama
l'entracte (m).............. interval (theatre)
l'opéra (m).................. opera
la pièce de théâtre ....... play
la représentation ......... performance
le rôle.......................... role
la scène ...................... stage (drama)
les spectateurs (m)....... audience
la tragédie .................. tragedy
la troupe de théâtre ...... theatre company

le balcon ..................... circle
l'orchestre (m)............. stalls

émouvant ................... moving
ému............................. moved

**On achète des billets** **Buying tickets**
le billet........................ ticket
l'entrée (f)................... entrance (cost)
la place........................ seat
le prix.......................... cost, price
la réduction................ reduction
le tarif ......................... cost
le tarif étudiant ........... student rate
le tarif réduit ............... reduced rate
la loterie...................... lottery
supplémentaire............ additional, further

l'adulte (m)(f) .............. adult
l'enfant (m)(f) .............. child
l'étudiant (m), l'étudiante (f) .... student
le groupe ...................... group

**C'est quand?**      **When is it?**
hebdomadaire .............. weekly
mensuel ...................... monthly
pendant le week-end .... during the weekend
quotidien ..................... daily
toutes les dix minutes... every 10 minutes
toutes les semaines....... every week

**C'est comment?**      **What is it like?**
casse-pieds *inv* ............. boring
extra *inv*...................... very good, super
extraordinaire .............. extraordinary
favori ........................... favourite
impressionant .............. impressive
magique........................ magic
(pas) mal...................... (not) bad
passionnant.................. exciting
pénible......................... unpleasant, painful
préféré ........................ favourite
ridicule ........................ ridiculous
tragique ....................... tragic

For **ICT** see page 47

**On se voit où?**      **Where shall we meet?**
à l'arrêt d'autobus ........ at the bus stop
dans le café................... in the café
devant le cinéma .......... outside the cinema
à la gare....................... at the station
dans le restaurant ........ in the restaurant
comme prévu................ as arranged

accompagner ............... to go with
aller* voir *irreg*........... to go and see
avoir lieu *irreg* ............. to take place
décider.......................... to decide
il faut ........................... we must, you have to

prendre rendez-vous *irreg*
................................. to arrange to meet
proposer........................ to suggest
regretter ....................... to be sorry
se voir* *irreg*............... to meet
suivre *irreg*................... to follow

**Les célébrités**      **Celebrities**
l'acteur (m),.................. (film, TV) actor
l'actrice (f)................... (film, TV) actress
le chanteur ................... singer (male)
la chanteuse ................. singer (female)
le comédien ................. actor (theatre)
la comédienne.............. actress (theatre)
le footballeur ............... footballer
le groupe...................... group
le membre.................... member
la tournée..................... tour (eg musician)
la vedette ..................... filmstar

**Le culte des célébrités**   **Celebrities**
l' article (m) du magazine
................................. magazine article
l'icône (f)...................... icon
l'image (f).................... image, picture
le joueur de football ..... footballer
les paparazzi ................ paparazzi
la vedette de télévision ..... TV personality

célèbre ......................... famous
chouette (slang)............ great
comique ....................... funny
courant.......................... everyday
sensass *inv* ................... sensational
sensationnel ................. sensational
super *inv* ...................... super, great

apparaître à la TV *irreg*
................................. to appear on TV
suivre la vie des stars *irreg*
................ to follow the lives of the stars

| La publicité | Advertising |
|---|---|
| l'affiche (f) | notice, poster |
| l'annonce (f) | advert |
| le catalogue | catalogue |
| la fidélité à la marque | brand loyalty |
| l'internet (m) | internet |
| le journal | newspaper |
| le marketing | marketing |
| la publicité, la pub | advertising |
| la radio | radio |
| la réclame | advert |
| la revue | magazine |
| le slogan publicitaire | advertising slogan |
| le sondage | opinion poll, survey |
| la télévision | television |

| Les petites annonces | Small ads |
|---|---|
| l'appartement (m) | flat |
| le gîte | holiday home |
| la location | hiring, hire |
| la maison | house |
| le mariage | marriage |
| la mort | death |
| la naissance | birth |
| le plaisir | pleasure |
| les prix bas (m) | low prices |
| les prix intéressants (m) | good value |
| les produits (m) | products |
| la récompense | reward |
| les vacances (f) | holidays |
| la valeur | value |
| le vélo | bike |
| la vente | sale |
| la voiture | car |
| le VTT | mountain bike |

| | |
|---|---|
| à louer | for hire |
| à titre d'arrhes | as a deposit |
| à vendre | for sale |
| approprié | appropriate, suitable |
| bon marché | cheap |
| d'occasion | second hand |

| | |
|---|---|
| d'une grande valeur | valuable |
| en promotion | on special offer |
| en solde | in the sales |
| familial | domestic |
| moins cher | less expensive |
| peu cher | inexpensive, cheap |
| prix à débattre | price negotiable |
| recherché | sought after |

| Les jeux électroniques | Computer games |
|---|---|
| la console de jeu | games console |
| le jeu informatique | computer game |
| le jeu vidéo | computer game |

**La musique et les textos**
**Music and text messages**

| | |
|---|---|
| le cybercafé | internet café |
| l'e-mail nomade | mobile email |
| le lecteur MP3/4 | MP3/4 player |
| le (téléphone) portable | mobile phone |
| le téléphone lecteur MP3 | MP3 with phone |
| le téléphone mobile | mobile phone |
| le texto, le SMS | text message |

| | |
|---|---|
| à la demande | on demand |
| électronique | electronic |
| interactif | interactive |
| numérique | digital |
| sans abonnement | without subscription |
| technologique | technological |
| à volonté | on demand |

| | |
|---|---|
| charger † | to load |
| cliquer | to click |
| converser | to twitter |
| dérouler (en bas/haut) | to scroll up/down |
| éditer | to edit |
| imprimer | to print |
| naviguer | to surf |
| scanner | to scan |
| surfer sur internet | to surf the net |
| taper | to type, key in |
| télécharger † | to download |

# FREE TIME ACTIVITIES

**Les sports**      Sport
l'ambiance (f)............... atmosphere
les distractions (f)......... entertainment
les loisirs (m) ............... free time activities
le passe-temps .............. hobby, pastime
le spectacle .................. entertainment
le temps libre............... free time
les vacances (f)............. holidays
le week-end ................. weekend

l'adhérent (m) .............. member (club, etc)
l'amateur (m) ............... fan, amateur
l'arbitre (m)................. referee
le champion................. champion
la championne ............. champion
l'équipe (f) .................. team
un exploit .................... feat, achievement
le/la fan ...................... fan
le gardien de but........... goalkeeper
le joueur ...................... player
le supporter ................. supporter

le club de football ........ football club
le club de tennis ........... tennis club
le complex sportif ........ sports centre
le terrain ..................... ground, pitch, court

le but ........................... goal
le championnat............. championship
la compétition .............. competition
le concours .................. competition
la cotisation................. membership fee
le coup de pied ............. kick
la coupe ...................... cup, trophy
la course ..................... race
l'étape (f).................... stage (race)
le gagnant.................... winner
le jeu........................... game
le match....................... match
le match en différé ....... recorded match

la partie de ... .............. game of ...
le tournoi ..................... tournament

**Quel sport aimes-tu?**
        **Which sport do you like?**
l'athlétisme (m)............ athletics
le basket...................... basketball
le cricket ..................... cricket
le foot/football ............. football
la gymnastique ............. gymnastics
le hockey ..................... hockey
la natation ................... swimming
le netball ..................... netball
le rugby........................ rugby
le tennis ...................... tennis
le volley...................... volleyball

**On décrit le match**
        **Describing the match**
le but............................ goal
le commencement......... start
le début ....................... start
la défaite ..................... defeat
le match nul ................. draw
la victoire.................... win

l'arbitre (m) ................. referee
beaucoup de monde...... lots of people
l'équipe (f)................... team
la foule........................ crowd
le joueur...................... player
le spectateur................ spectator

déloyal ........................ unfair
loyal............................ fair
passionnant.................. exciting

avoir de la chance *irreg*
        ................................ to be lucky
avoir de la malchance...to be unlucky
battre............................ to beat
distraire *irreg*.............. to entertain
gagner......................... to win

participer à.....................to take part in
passer le temps à ..........to spend time on sth
perdre ............................to lose
remporter un prix .........to win a prize

**D'autres sports**          **Other sports**
les arts martiaux (m) ....martial arts
le bowling.....................bowling
la boxe ..........................boxing
le canoë-kayak..............canoeing
le cyclisme....................cycling
l'équitation (f) ..............horse riding
l'escalade (f).................rock climbing
l'escrime (f)..................fencing
les fléchettes (f)............darts
le golf ...........................golf
le jogging.....................jogging
le judo...........................judo
le patinage ...................ice skating
le patin à roulettes ........roller skating
la pêche ........................fishing
le ping-pong .................table tennis
le rugby ........................rugby
le saut à l'élastique.......bungee jumping
le saut en hauteur..........high jump
le saut en longueur .......long jump
le ski (nautique)...........(water) ski-ing
le snooker .....................snooker
les sports d'hiver (m) .......winter sports
les sports nautiques (m)....water sports
le tennis de table..........table tennis
la voile..........................sailing

**Les courses**          **Races**
l'arrivée (f) ..................finish
le départ.......................start
c'est parti.....................they're off!

**Le matériel sportif**          **Sports equipment**
les articles de sport (m) ... sports equipment
la balle .........................ball (small)
le ballon.......................football
les baskets (f) ..............trainers

la canne à pêche...........fishing rod
les chaussures de sport (f) .. trainers
la crosse de hockey......hockey stick
l'équipement (m) .........equipment, kit
le maillot de sport.......sports shirt
le maillot de bain.........swimsuit
le matériel....................equipment, kit
les rollers en ligne (m). rollerblades
la pédale......................pedal
le skate-board ..............skateboard
la planche à voile.........sailboard
la planche de surf.........surfboard
la raquette ...................tennis racquet
les skis (m)...................skis
le VTT ........................mountain bike

**C'est comment?**          **What is it like?**
énergique .....................energetic
fanatique .....................keen on, fanatical
fatigant........................tiring
hors d'haleine ..............out of breath
impressionnant.............impressive
interdit ........................not allowed
logique ........................logical
merveilleux..................marvellous
pas mal........................not bad
passionnant ..................exciting
populaire.....................popular
réel..............................real
robuste ........................tough
sportif..........................sporty, keen on sport

**Que fais-tu?**          **What do you do?**
jouer au football...........to play football
jouer au tennis .............to play tennis
jouer aux boules...........to play boules

faire de l'alpinisme *irreg*
...............................to go mountaineering
faire du cyclisme .........to cycle
faire de l'équitation ..... to go horse riding
faire de la musculation  to work out

faire de la natation........ to swim
faire du patin .............. to skate
faire de la planche à roulettes
.............................. to skateboard
faire de la planche à voile .. to windsurf
faire du roller en ligne.. to rollerblade
faire du skate .............. to skateboard
faire du ski ................... to ski
faire du vélo ................ to cycle
faire de la voile ........... to go sailing
faire partie de ... ........ to be part of ...
faire une partie de tennis
.............................. to play a game of tennis
faire une pause ............ to take a break
faire une promenade..... to go for a walk
faire une randonnée...... to hike

s'adonner* à ................ to be devoted to
aller* à la pêche *irreg* .. to go fishing
annuler ........................ to cancel
attraper ........................ to catch (fish, etc)
défendre....................... to defend
s'entraîner* ................. to train
équiper ........................ to equip
grimper........................ to climb
s'inscrire* *irreg*........... to enrol
jeter † .......................... to throw
lancer † ........................ to throw
marquer un but ............ to score a goal
monter* à cheval ......... to ride
participer (à)................ to participate (in)
se passionner* de ........ to be keen on
patiner ........................ to skate
pêcher.......................... to fish
pratiquer un sport ........ to do a sport
risquer ........................ to risk, be likely to
se salir* ....................... to get dirty
sauter........................... to jump, leap

**Veux-tu venir avec moi?**
**Would you like to come with me?**
le chemin de retour.......the way home
l'invitation (f)..............invitation
la proposition................suggestion
la rencontre...................(chance) meeting
le rendez-vous ..............meeting (place)

For **times** see page 10
For **days of the week** see page 11

**On accepte**          **Accepting**
avec plaisir ..................with pleasure
bien sûr........................of course
bon...............................good
ça dépend.....................it depends
certainement ................certainly
c'est gentil ...................that's nice of you
d'accord.......................OK
entendu ........................OK, agreed
Je veux bien.................I'd love to
merci............................thank you
ravi...............................delighted
volontiers.....................gladly

**On refuse**           **Refusing**
C'est impossible, parce que ...
....................... It's impossible, because ...
Désolé, mais .... .........Sorry, but ...
Je n'ai pas le droit ........I am not allowed
Je regrette, mais ... .......I'm sorry, but ...
Je ne peux pas..............I can't
Je ne suis pas libre........I'm not free
malheureusement..........unfortunately
hésiter .........................to hesitate

**On va en ville**      **Going into town**
à bicyclette ..................on a bicycle
à pied ...........................on foot
à vélo ...........................on a bike
en autobus....................by bus
en autocar ....................by coach
en métro.......................on the underground

39

| | | | |
|---|---|---|---|
| en taxi | by taxi | la patinoire | ice rink |
| en train | by train | la piscine | swimming pool |
| en tramway | by tram | le stade | stadium |
| en voiture | by car | le terrain de sport | sports ground |

| | | | |
|---|---|---|---|
| l'arrêt d'autobus (m) | bus stop | le cinéma | cinema |
| le bureau de renseignements | | le club | club |
| | information office | le concert | concert |
| la gare (SNCF) | (railway) station | l'excursion (f) | outing |
| la gare routière | coach station | la galerie | gallery |
| le guichet | ticket office | le jeu d'arcade | arcade game |
| la station de métro | tube station | les magasins (m) | shops |
| | | le parc | park |
| l'aller-retour (m) | return ticket | le restaurant | restaurant |
| l'aller-simple (m) | single ticket | la réunion | meeting |
| le billet (simple) | (single) ticket | la salle | room, hall |
| la correspondance | connection | la société | society, club |
| l'heure d'affluence (f) | rush hour | le théâtre | theatre |
| l'horaire (m) | timetable | la visite guidée | guided tour |
| la ligne | bus/tram route | le zoo | zoo |

| | |
|---|---|
| bondé | crowded |
| deuxième | second |
| direct | direct, through |
| obligatoire | compulsory |
| premier | first |
| valable | valid |

For **adjectives** see page 1

| | |
|---|---|
| aller* en ville *irreg* | to go to town |
| aller* voir | to go and see |

| | |
|---|---|
| faire des courses *irreg* | to do the shopping |
| faire du lèche-vitrines | to go window shopping |
| faire la queue | to queue |
| faire les magasins | to go round the shops |

**Où vas-tu?**      **Where do you go?**

| | |
|---|---|
| le bal | dance, ball |
| la boîte | disco, night club |
| le café | café |
| le club des jeunes | youth club |
| la discothèque | disco |
| la fête, la boum | party (celebration) |
| la maison des jeunes | youth club |
| la soirée | evening, party |

| | |
|---|---|
| composter le billet | to date stamp ticket |
| courir *irreg* | to run |
| se diriger* † vers | to go towards |
| emmener † | to take s.o |
| prendre des photos *irreg* | to take photos |
| quitter la maison | to leave the house |
| rejoindre *irreg* | to join |
| réserver une place | to book a seat |
| retourner* | to return, go back |
| valider | to stamp, validate |
| visiter un château | |
| | to look round a castle, stately home |

| | |
|---|---|
| le bowling | bowling alley |
| le centre de loisirs | leisure centre |
| le centre sportif | sports centre |
| le match | match |

aller* à l'église *irreg*....to go to church
aller* à la messe...........to go to mass
aller* à la mosquée ......to go to the mosque
aller* à la synagogue....to go to synagogue

For **buildings** see page 68
For **transport** see page 59
For **times** see page 10

**On reste à la maison   Staying at home**
l'appareil-photo (m).....camera
les cartes (f).................cards
la couture.....................sewing
la cuisine .....................cooking
le dessin......................drawing
les échecs (m)..............chess
le jeu de cartes.............card game
le jeu de dames.............draughts
le jeu de société...........board game
la lecture......................reading
le modélisme ...............model-making
les mots croisés (m) .....crosswords
la musique ...................music
la peinture ...................painting
la photographie ...........photography
le poster......................poster

amuser..........................to amuse
attacher........................to fasten, attach
attirer...........................to attract
collectionner................to collect
coudre *irreg*.................to sew
faire de la peinture *irreg* .. to paint
faire des modèles réduits.. to make models
faire du théâtre .............to do drama
jouer aux cartes ...........to play cards
mélanger †...................to mix, shuffle cards
peindre *irreg* ..............to paint
se reposer* ..................to rest
soutenir *irreg*..............to support
tourner une vidéo .........to make a video
tricoter.........................to knit

la machine à coudre......sewing machine
le tricot ........................knitting

**On lit                   Reading**
l'article (m)...................article
l'article de fond (m) .....feature
le commencement........beginning
la fin ...........................end
le héros .......................hero
l'héroïne (f) .................heroine
l'illustré (m) ................glossy magazine
l'intrigue (f).................plot
le journal.....................newspaper
le livre (de poche)........(paperback) book
le magazine, la revue....magazine
l'œuvre (f) ...................(complete) works
la page ........................page
le rôle..........................role
le roman.......................novel
le roman d'amour ........romantic novel
le roman de science-fiction ..sci-fi story
le roman policier .........detective story
le thème ......................theme

une chose.....................a thing
une espèce de...............a sort of
une impression ............impression
un machin....................a thingummyjig
le moyen ......................the means
une sorte de ................a sort of
un tas de......................lots of, a heap of
un truc..........................a whatsit
un type .........................type, fellow

n'importe qui................anyone (at all)
n'importe quoi.............anything (at all)
quelque part................somewhere or other

Il s'agit de ….................It's about …
souhaiter ......................to wish
suggérer † ...................to suggest

# SHOPPING, MONEY, FASHION AND TRENDS

**Les généralités**  **General**
la boutique .................. shop
le centre commercial .... shopping centre
le centre-ville ............... town centre
les courses (f) .............. shopping
le magasin .................. shop

**Les gens**  **People**
le caissier ..................... cashier
la caissière ................... cashier
le client ........................ customer
le commerçant ............. shopkeeper
le gérant ...................... manager
le marchand ................. trader
le revendeur ................. stockist
le vendeur .................... sales assistant
la vendeuse .................. sales assistant

**Les magasins**  **Shops**
la boucherie ................. butcher's shop
la boulangerie .............. baker's shop
la boutique .................. small shop
la charcuterie .............. delicatessen
le coiffeur ................... hairdresser's salon
la confiserie ................ sweet shop
la crémerie .................. dairy produce shop
l'épicerie (f) ................ grocer's shop
le grand magasin ......... department store
l'hypermarché (m) ....... hypermarket
le kiosque à journaux ... news stand
la pâtisserie ................. cake shop
la pharmacie ................ chemist's shop
le salon de coiffure ...... hairdresser's
le supermarché ............ supermarket

la bijouterie ................. jeweller's shop
la librairie ................... bookshop
le magasin de vêtements ... clothes shop
la maison de la presse ........ newsagent's
le marchand de fruits ........ fruit seller
le marchand de légumes .... greengrocer
le marché .................... market

l'agence de voyages (f) ....... travel agency
l'alimentation générale (f) .. convenience store
la grande surface ......... hypermarket
le nettoyage à sec ......... dry-cleaning
la papeterie ................. stationer's shop
la parfumerie ............... perfume shop
la poissonnerie ............ fish shop
la quincaillerie ............ ironmonger's shop
le (bureau de) tabac ..... tobacconist's shop
chez le photographe ..... at the photographer's

**Au magasin**  **In the shop**
le dernier étage ........... top floor
l'entrée principale (f)... main entrance
l'étage (m) .................. floor
le rez-de-chaussée ....... ground floor
le sous-sol .................. basement

l'ascenseur (m) ............ lift
la cabine d'essayage .... fitting room
le chariot .................... trolley
le comptoir.................. counter
l'escalier roulant (m) ... escalator
le produit..................... product
les provisions (f).......... groceries
le rayon ...................... shelf, department
la vitrine..................... shop window

l'achat (m) .................. purchase
l'article (m)................. article
la corbeille ................. basket
le coût ........................ price
la hausse ..................... rise (price)
la liste ........................ list
la marque .................... make, brand
le panier ..................... basket
le prix......................... price
la qualité .................... quality
le sac (en plastique) ..... (plastic) bag

**Des panneaux**      **Signs, Notices**
à vendre ...................... for sale
défense de fumer ......... no smoking
en vente ici ................. on sale here
entrée (f) ...................... entrance
entrée libre (f) ............. browsers welcome
heures d'ouverture (f) .. opening hours
libre-service ................ self-service
poussez ........................ push
prix chocs (m) ............. fantastic prices
(en) promo(tion) ........... on special offer
soldes (mpl) ................. sale
sortie (de secours) (f) ... (emergency) exit
tirez ............................ pull

le rapport qualité-prix .. value for money
15% de rabais ............... 15% reduction
15% de remise .............. 15% discount
occasion ...................... second-hand
fermeture annuelle (f) .. annual holiday
payez à la caisse .......... pay at the cash desk
prière de ne pas toucher .... please do not touch
prix réduits (m) ........... reductions

**Les heures d'ouverture**    **Opening times**
à partir de .................... from
jusqu'à ........................ until
la demi-heure .............. half an hour
l'heure (f) .................... hour
le jour férié ................. public holiday
l'ouverture (f) .............. opening

fermé ........................... closed
ouvert .......................... open
ouvert tous les jours ..... open 7 days a week
ouvert 24/24 ................. open 24 hours
de 9h à midi ................. from 9 till 12 noon

**On achète**           **Buying things**
un baladeur .................. personal stereo
un billet ....................... ticket
un cadeau .................... present

un CD .......................... CD
un DVD ....................... DVD
un jeu électronique ....... computer game
un ordinateur ............... computer
un portable ................... mobile (phone)
une revue ..................... magazine
des vêtements (m) ........ clothes
un VTT ........................ mountain bike

la dépense .................... spending
le manque d'argent ....... lack of money
le marque .................... brand
la fidélité à la marque ... brand loyalty
les vacances (f) ............ holidays

For **sports equipment** see page 38

**On achète des vêtements**
                                **Buying clothes**
le blouson .................... jacket
le chapeau .................... hat
la chemise .................... shirt
le chemisier ................. blouse
la cravate ..................... tie
l'imper(méable) ........... raincoat
le jean ......................... jeans
le jogging .................... tracksuit
la jupe ......................... skirt
le maillot de bain ......... swimsuit
le manteau ................... coat
le pantalon ................... trousers
le pardessus ................. winter overcoat
le pullover ................... pullover
la robe ......................... dress
le short ........................ shorts
le slip de bain .............. swimming trunks
le survêtement ............. tracksuit
le sweat ........................ sweatshirt
le tricot ....................... jumper, sweater
le T-shirt ..................... T-shirt
la veste ........................ jacket
les baskets (f) ............... trainers

| | | | |
|---|---|---|---|
| la botte | boot | la manche | sleeve |
| la chaussette | sock | la montre | watch |
| le chausson | slipper | le mouchoir (en papier) | (paper) handkerchief |
| la chaussure | shoe | le parapluie | umbrella |
| une paire de | a pair of ... | le piercing (à l'oreille). | (ear-)piercing |
| la pantoufle | slipper | la poche | pocket |
| la sandale | sandal | le sac | bag |
| le soulier | shoe | | |
| le talon | heel | | |

**Le maquillage** — **Make-up**

| | |
|---|---|
| le démaquillant | make-up remover |
| le mascara | mascara |
| l'ombre à paupières (f) | eye shadow |
| le parfum | perfume |
| le rouge à lèvres | lipstick |
| le tatouage | tattooing |
| le vernis à ongles | nail polish |
| se maquiller* | to put on make-up |

| | |
|---|---|
| le caleçon | boxers, underpants |
| la chemise de nuit | nightdress |
| le collant | tights |
| le pyjama | pyjamas |
| la robe de chambre | dressing gown |
| le slip | pants, underpants |
| les sous-vêtements (m) | underclothes |
| le soutien-gorge | bra |

| | |
|---|---|
| le bikini | bikini |
| la casquette | cap |
| la ceinture | belt |
| le gant | glove |
| l'imper(méable) (m) | raincoat |

**C'est ...** — **It's made of ...**

| | |
|---|---|
| en argent | silver |
| en coton | cotton |
| en cuir | leather |
| en laine | wool |
| en or | gold |
| en tissu | cloth, material |
| en soie | silk |

| | |
|---|---|
| le complet | suit (man) |
| le corsage | blouse |
| le costume | suit (man) |
| l'écharpe (f) | scarf |
| le foulard | scarf |
| le gilet | waistcoat |
| le tablier | apron |
| le tailleur | suit (woman) |

| | |
|---|---|
| en acier | steel |
| en bois | wooden |
| en fer | iron |
| en métal | metal |
| en plastique | plastic |
| en plomb | lead |

| | |
|---|---|
| l'anneau (m) | ring |
| la bague | ring |
| le bijou | jewel |
| les boucles d'oreilles (f) | earrings |
| le bouton | button |
| le col | collar |
| le collier | necklace |
| la fermeture éclair® | zip fastener |

**Généralités** — **General**

| | |
|---|---|
| le centimètre | centimetre |
| le fil | thread |
| le mannequin | model, dummy |
| les mensurations (f) | measurements |
| le mètre | metre |
| la mode | fashion |
| le style | style |

**C'est quelle taille?** — **What size is it?**
**Les vêtements** — **Clothes**
petit (1)......................... small
moyen (2)..................... medium
grand (3)....................... large
taille 40 ....................... size 12

**C'est quelle pointure?** — **What size is it?**
**Les chaussures** — **Shoes**
pointure 38 ................... size 5
pointure 42 ................... size 8

mesurer......................... to measure

**C'est pour qui?** — **Who is it for?**
C'est pour moi.............. It's for me
C'est pour offrir ........... It's for a present

**C'est comment?** — **What's it like?**
à carreaux..................... check
clair .............................. light (colour)
foncé............................. dark (colour)
rayé............................... striped
uni ............................... plain coloured

For **colours** see page 1

**Suivre la mode** — **Trends**
à la mode...................... fashionable
bon marché................... cheap
démodé......................... old fashioned
différent....................... different
entier ........................... whole, complete
gratuit .......................... free
pareil ........................... similar, the same
quelque chose de moins cher
............................... something cheaper
semblable .................... similar
serré............................. tight (fitting)
trop cher ...................... too expensive
trop court..................... too short
trop étroit..................... too tight, too narrow
trop grand/petit............. too big/small
trop large ..................... too wide
trop long ...................... too long

**On paie** — **Paying**
le cours du change........ exchange rate
le franc suisse .............. Swiss franc
la livre sterling ............ £ sterling

l'argent (m).................. money
le billet (de 20 euros) ...(20 euro) note
le billet de banque ........ banknote
le bureau de change...... exchange office
la caisse ....................... cash desk
la carte bancaire........... bank card
la carte bleue ............... French credit card
la carte de credit .......... credit card
la carte Visa®.............. Visa® card
le cent .......................... cent
le distributeur (automatique) de billets
............................... cash dispenser
l'euro (m), € ................ euro, €
la facture...................... bill, invoice
le fric .......................... money (slang)
la monnaie ................... change, currency
le paiement .................. payment
la pièce (d'argent) ........ coin
le portefeuille .............. wallet
le porte-monnaie.......... purse
le prix .......................... price
le reçu .......................... receipt
le remboursement ........ refund
la TVA......................... VAT

à l'unité........................ per item
exact ............................ exact
pour cent...................... per cent

passer* à la caisse........ to go to the cash desk

**Des verbes utiles** — **Useful verbs**
ajouter.......................... to add
avoir besoin de *irreg* ....to need
calculer ........................ to add up
dépenser....................... to spend (money)
devoir *irreg*.................. to owe
diviser.......................... to divide

| | | | |
|---|---|---|---|
| être remboursé *irreg* | to get money back | fournir | to supply, provide |
| garder le reçu | to keep the receipt | garantir | to guarantee |
| hausser les prix | to raise prices | laisser tomber | to drop |
| Il me faut ... | I need ... | se plaindre* *irreg* | to complain |
| Il me reste ... | I have ... left | raccommoder | to mend (clothes) |
| payer † | to pay | rembourser | to refund |
| prouver | to prove | remplacer † | to replace |
| réduire | to reduce | rendre | to give back |
| régler † | to settle, pay up | réparer | to repair |
| retirer | to withdraw (cash) | reprendre *irreg* | to take back |
| suffire *irreg* | to be enough | rétrécir | to shrink |
| vérifier | to check | réussir à | to succeed |
| | | user | to wear out |

### Des problèmes — Problems

| | |
|---|---|
| la tache | stain, mark, blot |
| le trou | hole |
| cassable | breakable |
| cassé | broken |
| coincé | jammed, stuck |
| crevé | punctured, burst |
| déchiré | torn |
| déçu | disappointed |
| en panne | broken, not working |
| incassable | unbreakable |
| pratique | practical |
| prêt | ready |
| rayé | scratched |
| rétréci | shrunk |
| satisfaisant | satisfactory |
| satisfait | satisfied |
| solide | strong, solid |
| usé | worn out, exhausted |

### Des verbes utiles — Useful verbs

| | |
|---|---|
| briser | to shatter |
| casser | to break |
| critiquer | to criticise |
| déchirer | to tear, rip |
| échanger † | to exchange |
| faire nettoyer *irreg* | to have cleaned |
| faire réparer *irreg* | to have mended |
| fonctionner | to work |

### A la poste — At the post office

| | |
|---|---|
| l'adresse (f) | address |
| la boîte aux lettres | letter box |
| le bureau de poste | post office |
| la carte postale | postcard |
| le courrier | post, mail |
| le facteur | postman |
| le guichet | counter position |
| la lettre | letter |
| le paquet | parcel |
| la poste | post office |
| la télécarte de 50 unités | 50 unit phone card |
| le timbre(-poste) | stamp |
| le colis | parcel |
| le formulaire | form |
| la levée du courrier | postal collection |
| le mandat postal | postal order |
| le tarif normal | first class post |
| le tarif réduit | second class post |
| à l'étranger | abroad |
| en recommandé | by registered post |
| par avion | by air mail |
| envoyer † | to send |
| faire une erreur *irreg* | to make a mistake |
| mettre à la poste *irreg* | to post |
| poster | to post |

# ADVANTAGES/DISADVANTAGES OF NEW TECHNOLOGY

| **L'informatique** | **ICT** |
|---|---|
| la boîte de réception.....inbox |
| le clavier......................keyboard |
| le clic...........................click |
| le curseur......................cursor |
| l'écran (m)....................screen |
| un e-mail/le mél...........email |
| le fichier.......................file |
| la foire aux questions...FAQ |
| l'imprimante (f)............printer |
| la mémoire...................memory |
| le logiciel.....................computer programme |
| l'ordinateur (m)............computer |
| le portable....................laptop |
| la souris.......................mouse |
| le tableur......................spreadsheet |
| la touche.......................key (on keyboard) |
| le traitement de texte....word processing |

**L'internet (m)**       **Internet**

l'adresse électronique..email address
le (photo)blog..............(picture) blog
le moteur de recherche.search engine
la page d'accueil..........home page
le mot de passe............password
le navigateur................browser
le nom d'utilisateur......user name
le forum.......................social network
le salon de chat............chat room
le serveur.....................server
le site-web, le site........web site
la toile.........................world wide web
le vlog.........................videoblog
le web..........................the web

un blogueur.................blogger
l'internaute (m)...........internet user
le navigateur................browser (person)
l'opérateur, opératrice..keyboard operator

numérique...................digital

**Les avantages**       **Advantages**

On peut:                 You can:
aller* sur un site *irreg*..go on a website
avoir accès à *irreg*.......have access to
bloguer.........................blog
communiquer...............communicate
envoyer † (un SMS).....send (a text)
étudier..........................study
faire des recherches *irreg*. do research
jouer en ligne...............play online
lire Wikipédia *irreg*......read Wikipedia
se renseigner*..............get information

**Les problèmes**       **Problems**

l'arnaque (f).................scam (slang)
le cheval de Troie........Trojan horse
le cyber-harcèlement....cyberbullying
les données personnelles ..personal data
l'invasion de la vie privée
..............................invasion of privacy
le pirate, le hacker.......hacker
le spam........................spam
l'usurpation (f) d'identité.identity theft
le virus (informatique)..(computer) virus

un agresseur.................attacker
un inconnu....................stranger (m)
une inconnue...............stranger (f)
les vulnérables.............vulnerable people

malveillant...................malicious
potentiel.......................potential

arnaquer.......................to rip someone off
cibler...........................to target
harceler †.....................to pester
être harcelé *irreg*.........to be pestered
être au courant des activités des enfants
....... to know what the children are doing

For **music and text messages** see page 36
For **computer games** see page 36

47

# HOLIDAYS

**L'hébergement**    **Lodging**
l'auberge de jeunesse (f) .. youth hostel
la cabane ..................... hut
le camping ................... camp site
la chambre d'hôte ........ bed and breakfast
le gîte ........................... self-catering cottage
l'hôtel (m) ................... hotel
la pension ................... boarding house
le studio ...................... studio flat

la demi-pension ........... half board
la pension complète ..... full board
le prix ......................... price

complet ........................ full
(non) compris .............. (not) included
confortable ................. comfortable
défendu ....................... not allowed
disponible ................... available
luxueux ....................... luxurious
obligatoire ................... compulsory
occupé ........................ taken
pas cher ...................... not dear
privé ........................... private
provisoire ................... provisional

disposer de .................. to have available
héberger † ................... to put up for the night
loger † ........................ to lodge

**On traverse la Manche**
           **Crossing the Channel**
le bateau ..................... boat
la croisière .................. cruise
le (car-)ferry ............... car ferry
la gare maritime .......... ferry terminal
le mal de mer .............. seasickness
la mer .......................... sea
la navette .................... shuttle
le navire ...................... ship
le port ......................... port

le shuttle ..................... shuttle
la traversée .................. crossing
le tunnel sous la Manche .. Channel Tunnel

agité ........................... rough
calme .......................... calm

débarquer .................... to get off a ship
s'embarquer* .............. to get on a ship
monter* sur le pont ...... to go up on deck

**On prend l'avion**    **Flying**
la compagnie aérienne à bas prix
           ............................ low cost airline
la compagnie low cost . low cost company

l'aéroport (m) ............. airport
l'avion (m) .................. plane
les bagages (m) ........... baggage
la cabine ..................... cabin
la ceinture de sécurité .. seat belt
le jumbo-jet ................. jumbo jet
la porte ....................... gate
la sécurité à l'aéroport . airport security
le portique de détection .... body scanner
le terminal .................. terminal

l'appel (m) .................. call
l'atterrissage (m) ......... landing
la classe touriste .......... tourist class
le contrôle des passeports ... passport control
le délai ....................... period of time
l'embarquement (m) .... boarding
le point rendez-vous .... meeting point
la ponctualité .............. punctuality
le vol .......................... flight

hors taxe ..................... tax-free
lourd ........................... heavy

atterrir.............................to land
confirmer.......................to confirm
consulter........................to consult
contrôler.......................to examine, check
décoller..........................to take off (plane)
se détendre* .................to relax
s'embarquer*................to board a plane
enregistrer ses bagages. to check in
s'installer*....................to sit in a seat
prendre l'avion *irreg*....to fly (person)
se relaxer* .....................to relax
trouver une place..........to find a seat

**On roule en voiture    Going by car**
l'autoroute (f)...............motorway
le carrefour...................crossroads
la route départmentale (D) ... secondary road
la route nationale (RN) ........ main road

l'échangeur (m)............. interchange
les feux (m) ..................traffic lights
le feu rouge/vert ..........red/green traffic light
la flèche.......................arrow (direction)
le garage......................garage
le parcmètre..................parking meter
le parking .....................car park
le parking souterrain .... underground car park
le parking à étages........ multi-storey car park
le rond-point................roundabout
le siège (avant).............(front) seat
le stationnement ..........parking
la station-service ..........petrol station
les toilettes (f) ..............toilets
les travaux (m) .............roadworks
le trottoir .....................pavement

l'aire de pique-nique (f) .... picnic area
l'aire de repos (f).........picnic area
le bouchon....................traffic jam
la chaussée ...................roadway
l'embouteillage (m)...... traffic jam
le péage .......................toll

la sécurité école ............crossing patrol
le virage .......................bend

l'auto-école (f).............driving school
la carte (routière).........map
le code de la route .......highway code
le conducteur ...............driver
la conductrice ..............driver
le danger......................danger
la déviation ..................diversion
l'étape (f).....................stage, distance
la fin ...........................end
l'heure d'affluence (f) ..rush hour
le numéro d'immatriculation
...............................registration number
le permis de conduire ...driving licence
la pièce d'identité ........ID
la priorité (à droite) ......priority (to the right)
le retard.......................hold up, delay
la vitesse .....................speed

allumer les phares.........to switch on the
                           headlights
circuler.........................to travel (vehicle)
conduire *irreg*..............to drive
dépasser .......................to overtake
se déplacer* †..............to travel
doubler.........................to overtake
faire le plein *irreg*........to fill up with fuel
freiner ..........................to brake
garer............................to park
gonfler les pneus ..........to pump up the tyres
klaxonner......................to sound the horn
laver le pare-brise........to wash the
                           windscreen
reculer..........................to reverse
remettre *irreg* ..............to put back, restart
rouler ...........................to travel (car)
stationner.....................to park
tomber* en panne ........to break down

For **outings** see page 59
For **weather** see page 14

**Au bord de la mer**    **At the seaside**
la côte .......................... coast
la falaise ....................... cliff
la marée basse/haute ..... low/high tide
la mer........................... sea
la mouette .................... seagull
la plage ........................ beach
la roche ........................ rock
le sable......................... sand
la vague ....................... wave (sea)
la vase.......................... mud, sludge

le bateau ...................... boat
le bateau (de pêche)...... (fishing) boat
le voilier ...................... sailing boat
la boîte de nuit.............. night club
la cabine ...................... beach hut
les coquillages (m) ....... shells
le gilet de sauvetage ..... life jacket
la glace ........................ ice cream
le pêcheur .................... fisherman
le phare........................ lighthouse
la piscine ..................... swimming pool
la plage surveillée........ supervised beach
la plage non surveillée.. unsupervised beach
le port .......................... port
le quai.......................... quay
la station balnéaire ....... seaside resort
le terrain de golf .......... golf course
le vendeur de glaces ..... ice cream seller

baignade interdite......... no swimming
les boules..................... boules
la canne à pêche .......... fishing rod
le chapeau de soleil ...... sunhat
le filet (de pêche)......... (fishing) net
l'huile solaire (f).......... sun oil
les lunettes de soleil (f) .. sunglasses
la pelle ........................ spade
le seau.......................... bucket

nu ............................... naked
pieds nus ..................... with bare feet

se balader* .................. to go for a stroll
se bronzer* .................. to sunbathe
faire de la planche à voile *irreg*
    ............................... to windsurf
faire de la plongée sous-marine
    ............................... to scuba dive
faire de la voile ........... to sail
faire du surf ................. to surf
nager † ........................ to swim
se noyer* † .................. to drown (o.s)
plonger † ..................... to dive
ramer........................... to row

**Les sports d'hiver**    **Winter sports**
le chalet....................... chalet
la montagne ................. mountain
la neige ....................... snow
la patinoire.................. ice rink
la pente ....................... slope
la piste........................ piste, ski run
la station de ski ........... ski resort
la station thermale ....... hot water spa town
le téléférique............... cable car

**Les gens**    **People**
le débutant .................. beginner
le guide ....................... guide
le moniteur de ski ........ ski instructor
le skieur ...................... skier

**Le matériel de ski**    **Skiing equipment**
le bonnet ..................... hat
les chaussures de ski (f)... ski boots
le gant ......................... glove
la salopette.................. ski pants
le ski .......................... ski

partir* en vacances de neige *irreg* ............to take a winter holiday

faire de la luge *irreg*.....to go sledging

faire de la planche à neige ................to go snowboarding

faire du snowboard.......to snowboard

faire du ski ..................to ski

glisser..........................to slide, slip

**L'hôtel**          **The hotel**

la chambre...................room

la chambre à deux lits ..twin bedded room

la chambre libre ...........unoccupied room

la chambre double........double room

la chambre familiale.....family room

la chambre pour 2 personnes .....double room

la chambre pour une personne ...single room

le confort.....................comfort

la fiche.........................form

l'hôtel avec wifi à disposition ..........................hotel with wifi available

le luxe..........................luxury

le prix ..........................price

l'ascenseur (m).............lift

le balcon......................balcony

l'accueil (m).................reception

l'entrée (f) ...................entrance

l'escalier (m)...............stairs

l'étage (m)...................storey, floor

le parking ....................car park

la réception..................reception

le restaurant.................restaurant

le rez-de-chaussée .......ground floor

la salle de bains ...........bathroom

la sortie (de secours) ....(emergency) exit

le sous-sol ...................basement

**La chambre**        **Bedroom**

l'armoire (f).................wardrobe

le bain..........................bath

le cintre .......................coat hanger

la clé/clef....................key

la connexion internet....internet connection

la couette .....................duvet, quilt

la couverture................blanket

la douche .....................shower

le drap..........................sheet

le grand lit ...................double bed

la housse......................duvet cover

le lit..............................bed

l'oreiller (m).................pillow

le savon........................soap

la serviette ...................towel

le téléphone .................telephone

le téléviseur .................TV set

les toilettes (f)..............toilets

la femme de chambre ...chambermaid

l'hôtesse d'accueil (f)...receptionist

le gérant.......................manager

le propriétaire ..............owner

le, la réceptionniste ......receptionist

**Le camping**       **The campsite**

le bloc sanitaire ...........toilet block

le bureau d'accueil .......reception

la caravane...................caravan

le carnet de camping.....camping carnet

l'emplacement (m).......pitch

la piscine......................swimming pool

la piscine chauffée........heated pool

la piscine couverte........indoor pool

la piscine en plein air ...open air pool

la salle de jeux .............games room

le supplément ..............supplement

la tente ........................tent

le bac à vaisselle..........washing up sink

le branchement électrique .electric hook-up

la laverie .....................laundry

les plats à emporter (m).....take-away meals

les plats cuisinés (m)....ready meals

les allumettes (f) ........... matches
la bouteille de gaz ........ gas cylinder
le canif ......................... pocket knife
la cuisinière à gaz ......... gas cooker
la ficelle ........................ string
la lampe de poche ......... torch
la lampe électrique ....... torch
le matelas ..................... mattress
le matériel de camping .... camping equipment
les provisions (f) ........... food
le sac de couchage ........ sleeping bag
le véhicule ................... vehicle

l'eau (non) potable (f) .. (non) drinking water
le lave-linge ................. washing machine
la lessive ...................... washing (clothes)
la location de vélos ....... cycle hire

à l'ombre ..................... shady
au soleil ....................... sunny
en plein air ................... in the open air
bien équipé .................. well equipped
mal équipé ................... poorly equipped
municipal ..................... council-run

camper .......................... to camp
dresser une tente ........... to pitch a tent
faire du camping *irreg* .. to go camping
faire la cuisine ............. to cook
replier une tente ........... to take down a tent

**L'auberge de jeunesse    Youth hostel**
l'hébergement pour les jeunes
........................ youth accommodation
le bureau ...................... office
la colonie de vacances .. summer camp
la cuisine ..................... kitchen
le dortoir ..................... dormitory
la salle à manger .......... dining room
la salle de séjour .......... day room

la couverture ............... blanket
le drap-sac ................... sheet sleeping bag
l'eau chaude (f) ........... hot water
le linge ........................ linen
la poubelle ................. rubbish bin

louer ........................... to hire
réserver ....................... to reserve, book
signer .......................... to sign
payer † ....................... to pay

For **food** see page 19
For **restaurant** see page 55
For **weather** see page 14
For **holiday activities** see pages 48
For **days, months, seasons** see page 11

**Les gens            People**
le campeur ................. camper
le chauffeur de car ....... coach driver
le garçon .................... waiter
le, la responsable de l'auberge de jeunesse
............................. youth hostel warden
le patron ..................... owner, boss
la patronne ................. owner, boss
le, la propriétaire ......... owner
le, la réceptionniste ...... receptionist
le, la responsable ......... group leader
le, la touriste ............... tourist
les vacanciers (m) ........ holiday makers

**On fait un échange    Going on an exchange**
le corres(pondant) ........ penfriend
la corres(pondante) ...... penfriend
la famille anglaise ........ English family
la famille française ...... French family
le professeur ............... teacher

l'argent de poche (m) .. pocket money
le collège .................... school
la comparaison ............ comparison
les cours (m) ............... lessons
la cuisine anglaise ........ English cooking

la cuisine française ....... French cooking
les devoirs (m) ............. homework
la durée ........................ length (stay, lesson)
l'excursion (f) (scolaire) .. (school) trip
le jumelage .................. town twinning
les loisirs (m) .............. free time
les sports (m)............... sports
le trajet ........................ journey
l'uniforme scolaire (m) ..... school uniform
la visite scolaire .......... school trip

aller* voir *irreg* ............ to visit (person)
arranger † .................... to arrange, organise
comparer à.................. to compare with
contacter...................... to contact
défaire sa valise *irreg*........ to unpack suitcase
faire sa valise *irreg* ........... to pack suitcase
faire contraste avec ...... to contrast
visiter ......................... to visit (place)

**On rend visite à quelqu'un**
**Being a guest**
l'hospitalité (f) ............. hospitality
l'hôte (m) .................... host
l'hôtesse (f) ................ hostess
l'invité (m) .................. guest
l'invitée (f) .................. guest

la brosse à dents .......... toothbrush
le cadeau ..................... present
la couverture ............... blanket
le dentifrice ................ toothpaste
le savon ....................... soap
le shampooing ............. shampoo
la valise ...................... suitcase

accueillant ................... welcoming
âgé .............................. aged, elderly
aîné .............................. elder
bienvenu ...................... welcome
cadet ............................ younger
de la part de ................ from (person)
reconnaissant ............... grateful
responsable.................. responsible

anglais ......................... English
britannique.................. British
écossais........................ Scottish
gallois ......................... Welsh
irlandais ...................... Irish

français ........................ French
suisse ........................... Swiss
belge ............................ Belgian

accueillir *irreg* ............. to welcome
avoir besoin de *irreg* ....to need
comprendre *irreg*......... to understand
donner un coup de main à
.............................. to help
emprunter à.................. to borrow from
faire la bise *irreg* ......... to kiss (greeting)
montrer des photos ....... to show photos
offrir à *irreg*................. to give (present)
parler ........................... to speak
parler anglais ............... to speak English
parler français.............. to speak French
partager † .................... to share
prêter ........................... to lend
remercier ..................... to thank
rendre visite à .............. to visit (person)
revoir *irreg* .................. to see again
se trouver*................... to be situated
sourire *irreg*................. to smile

For **opinions** see page 11
For **holiday plans** see page 54

# PLANS, PREFERENCES, EXPERIENCES

| **Généralités** | **General** |
|---|---|
| l'agence de voyages (f) | travel agency |
| la liste des hôtels | list of hotels |
| la liste des prix | price list |
| l'office du tourisme (m) | tourist office |
| la préférence | preference |
| le syndicat d'initiative | information office |
| | |
| le lien | link |
| le pays | country |
| la région | region |
| le séjour | stay |
| le trajet | journey |
| les vacances (f) | holidays |
| le voyage | journey |

| **Où vas-tu?** | **Where are you going?** |
|---|---|
| à la campagne | to the country |
| à l'étranger | abroad |
| dans la forêt | into the forest |
| à la montagne | to the mountains |
| à la plage | to the beach |
| | |
| être en vacances *irreg* | to be on holiday |
| faire ses bagages *irreg* | to pack |
| faire un tour *irreg* | to go for a trip |
| se mettre* en route *irreg* | to set out |
| partir* en avion *irreg* | to leave by plane |
| partir* en vacances *irreg* | to go on holiday |

| **Quand y vas-tu?** | **When are you going?** |
|---|---|
| à l'avenir | in the future |
| l'année prochaine | next year |
| au mois d'août | in August |
| dans huit jours | in a week's time |
| dans trois mois | in three months' time |
| demain | tomorrow |
| à Noël | at Christmas |
| à Pâques | at Easter |
| la semaine prochaine | next week |

| au printemps | in spring |
|---|---|
| en été | in summer |
| en automne | in autumn |
| en hiver | in winter |

| **Avec qui?** | **With whom?** |
|---|---|
| l'ami (m), l'amie (f) | friend |
| le copain, la copine | friend |
| la famille | family |

| **Combien de personnes?** | **How many?** |
|---|---|
| l'adulte (m)(f) | adult |
| l'enfant (m)(f) | child |
| la personne | person |
| âgé de moins de 3 ans | under three |

| **Pour combien de temps?** | **For how long?** |
|---|---|
| pour un jour | for a day |
| pour trois jours | for three days |
| pour une nuit | for a night |
| pour quatre nuits | for four nights |
| pour une semaine | for a week |
| pour une quinzaine | for a fortnight |
| pour un mois | for a month |
| passer quinze jours | to spend a fortnight |

| **C'est comment?** | **What is it like?** |
|---|---|
| fantastique | fantastic |
| incroyable | incredible |
| inférieur | inferior, lower |
| jumelé | twinned |
| superbe | superb |
| supérieur | superior, upper |
| touristique | popular with tourists |

| **J'ai besoin …** | **I need …** |
|---|---|
| d'un appareil-photo (m) | a camera |
| de l'argent | money |
| d'une brochure | a brochure |
| d'un caméscope | a camcorder |
| d'une carte d'adhérent | a membership card |

d'une carte de la région
..............................a map of the region
d'une carte d'identité ...an identity card
d'une carte européenne d'assurance maladie
..............................EHIC
des cartes postales........postcards
d'un dépliant..............a brochure
des lunettes de soleil ....sunglasses
d'un passeport..............a passport
d'un plan de la ville .....a town plan
d'un sac à dos..............a rucksack
d'une valise.................a case

**C'est à louer?          Is it for hire?**
le bateau......................boat
le vélo..........................bike
la caution......................deposit
la pièce d'identité........ID
louer............................to hire
signez ici.....................sign here

**Quand y es-tu allé?    When did you go?**
l'année dernière (f).......last year
la semaine dernière ......last week
il y a deux mois............two months ago
il y a une quinzaine ......a fortnight ago
pendant les grandes vacances
....................during the summer holidays
pendant le week-end ....at the weekend

**J'ai acheté ...          I bought ...**
des biscuits..................biscuits
des cartes-postales........postcards
un porte-clés.................a key-ring
une poupée..................a doll
des souvenirs...............souvenirs
un T-shirt.....................a T-shirt

**On mange, on boit   Eating and drinking**
**Des panneaux         Signs**
la dégustation..............tasting
la formule de 25 euros..25 euro menu
le menu (à prix fixe).....(fixed price) menu

le menu du jour............menu of the day
le menu touristique.......tourist menu

**Exclamations          Exclamations**
à votre santé!..............Cheers!
bon appétit!.................Enjoy your meal!
ça suffit! .....................That is enough!
merci! ..........................(no) thank you!
s'il vous plaît..............please

**Les repas             Meals**
le casse-croûte.............snack
le déjeuner..................lunch, midday meal
le dîner........................dinner, evening meal
le goûter......................afternoon snack
le petit déjeuner...........breakfast
le pique-nique..............picnic

**Où vas-tu manger?**
             **Where are you going to eat?**
le bar...........................bar
le bistro.......................bistro
la brasserie..................brasserie
le café .........................café
le café-tabac ................café, pub
la cafétéria ..................supermarket café
la crêperie...................pancake restaurant
le restaurant.................restaurant
le restaurant rapide.......fast food restaurant
le self...........................self-service restaurant

**Les gens              People**
le caissier, la caissière ..till operator
le chef..........................chef
le client, la cliente ........customer
le garçon .....................waiter
le patron, la patronne....owner
le serveur, la serveuse ..waiter, waitress

**Au restaurant        In a restaurant**
à l'intérieur..................inside
la table ........................table
sur la terrasse...............outside, on the terrace

le choix .........................choice
la cuisine chinoise ........Chinese food
la cuisine française .......French food
la cuisine indienne........Indian food
la cuisine italienne.......Italian food
la grillade......................grill
la spécialité (du pays)...(local) speciality

le goût...........................taste
l'odeur (f) .....................smell
le parfum ......................flavour
la part...........................portion, share, piece

l'addition (f) .................bill
le couvert......................cover charge
le pourboire ..................tip (money)
la recette ......................receipt, recipe
le service ......................service charge

appétissant....................appetising
en sus............................extra (cost)
parfait ..........................perfect
service (non) compris...service (not) included

**La carte                Menu**
à la carte ......................à la carte
le dessert......................dessert
l'entrée (f) ...................entrée
les fromages (m)..........cheese
le plat du jour ..............the day's "special"
le plat principal............main course
les poissons (m)...........fish

**Les hors d'œuvre     Starters**
l'assiette anglaise (f) ....mixed cold meats
les crudités (f)..............chopped raw vegetables
le pâté ..........................pâté
le potage ......................soup
la salade de tomates......tomato salad
le saucisson ..................salami sausage
la soupe (à l'oignon) ....(onion) soup
la terrine ......................pâté

**Le plat principal        Main course**
le coq au vin ...............chicken in red wine
la côte de porc ............pork chop
l'entrecôte (f)..............steak
l'escalope de veau (f) .. veal escalope
l'omelette (f)...............omelette
la pizza........................pizza
la sauce .......................sauce, gravy
le steak frites...............steak and chips
le steak haché .............beefburger

**Les légumes           Vegetables**
les champignons (m) ... mushrooms
les petits pois (m) ........ peas
les pommes de terre (f) potatoes
la purée de pommes de terre
.............................. mashed potatoes
les pommes vapeur ...... boiled potatoes
le riz........................... rice
la salade de pommes de terre
.............................. potato salad

**Le dessert             Dessert**
la crème caramel.......... crème caramel
la crème chantilly ........ whipped cream
la crêpe ...................... pancake
le fromage (de chèvre). (goat's) cheese
la glace (maison) ......... (home made) ice cream
la glace à la vanille ...... vanilla ice cream
la glace au chocolat ..... chocolate ice cream
la mousse au chocolat.. chocolate mousse
la pâtisserie................. cake, pastry
la tarte aux pommes..... apple tart
le yaourt..................... yoghurt

**Sur la table           On the table**
l'assiette (f)................. plate
le bol........................... bowl
la bouteille ................. bottle
la cafetière ................. coffee pot
la carafe ..................... carafe
la chope ...................... beer mug
le couteau................... knife

la cuiller ...................... spoon
la cuillère (à café) ........ spoon (tea)
la fourchette ................ fork
la mayonnaise.............. mayonnaise
la moutarde.................. mustard
la nappe ....................... tablecloth
le plateau ..................... tray
le poivre ...................... pepper (spice)
le sel ............................ salt
la serviette (en papier).. (paper) napkin
la soucoupe ................. saucer
la tasse......................... cup
la théière...................... teapot
le tire-bouchon ............ corkscrew
la vaisselle................... crockery
le verre (à vin).............. (wine) glass

**Au café**              **At the café**
**Les boissons**        **Drinks**
l'apéritif (m)................ pre-meal drink, aperitif
la bière......................... beer
le café.......................... coffee (black)
le café-crème.............. white coffee
le chocolat chaud ........ hot chocolate
le cidre......................... cider
le citron pressé ............ squeezed lemon
le Coca-Cola® ............ Coca-Cola®
l'eau minérale (gazeuse) (f)
........................ (sparkling) mineral water
le glaçon...................... ice cube
le jus de fruit ............... fruit juice
le jus d'orange............. orange juice
la limonade.................. lemonade
l'orangina® (m) ........... orangina®
une pression ................ draught beer
un sirop ....................... cordial
le thé............................ tea
le vin blanc.................. white wine
le vin rosé.................... rosé wine
le vin rouge ................. red wine

ordinaire ...................... ordinary, usual

**Un casse-croûte**      **A snack**
les chips (m) ................ crisps
la barquette de frites..... tray of chips
la crêpe ........................ pancake
le croque-monsieur....... cheese & ham toastie
les frites (f) .................. chips
la glace ........................ ice cream
le hamburger................ hamburger
un œuf à la coque ........ boiled egg
un œuf sur le plat.......... fried egg
des œufs brouillés......... scrambled eggs
la quiche ...................... quiche lorraine
le sandwich au fromage..... cheese sandwich
le sandwich au jambon...... ham sandwich
la tartine...................... bread and butter
le toast ........................ toast

**Des verbes utiles**    **Useful verbs**
adorer........................... to love
apporter ....................... to bring
avoir envie de *irreg* ...... to want to
avoir faim .................... to be hungry
avoir soif...................... to be thirsty
commander.................. to order
déjeuner ...................... to have lunch
dîner............................ to have evening meal
emporter ..................... to take away
griller........................... to grill
passer........................... to pass (at table)
prendre le petit déjeuner *irreg*
............................... to have breakfast
réserver....................... to book (table)

déguster ...................... to taste
se plaindre* *irreg* ........ to complain
plaire *irreg*.................. to please
recommander............... to recommend
retenir *irreg* ............... to reserve (table)
rôtir............................. to roast
servir *irreg*.................. to serve
se servir* de *irreg* ........ to use

For **accepting and refusing** see page 39
For **food** see page 19

**Des objets trouvés    Lost property**

l'appareil-photo (m) .....camera
le bureau des objets trouvés
          .............................lost property office
le caméscope ...............camcorder
le carnet de chèques .....cheque book
la clé/clef.....................key
le lecteur MP3 ..............MP3 player
les lunettes (f)..............pair of glasses
l'objet (m) ...................object
le parapluie..................umbrella
le portable...................mobile (phone)
le portable...................laptop
le porte-clés.................key-ring
le portefeuille ..............wallet
le porte-monnaie .........purse
le sac à dos .................rucksack
le sac à main................handbag
la valise ......................suitcase

la couleur....................colour
la date ........................date
la description ...............description
le dégât ......................damage
la fiche........................form
la forme ......................shape
la marque....................make
la récompense..............reward
le règlement.................settlement
la taille.......................size

perdu...........................lost
il y a ....dedans..............there is ....in it
une sorte de ................a sort of
C'est à moi ..................It's mine

déposer .......................to put down
laisser .........................to leave
laisser tomber ..............to drop
perdre .........................to lose
signaler.......................to report
voler ...........................to steal

For **days of week** see page 11
For **colours** see page 1
For **materials** see page 44
For **forms of transport** see page 59

**Ma voiture est en panne**
               **My car has broken down**

la panne ...................... breakdown
le dépannage............... breakdown service

la batterie.................... battery
la boîte de vitesses....... gear box
le bruit ........................ noise
le capot ....................... bonnet
la clé de voiture .......... car key
le coffre....................... boot
la crevaison................. puncture
le diesel....................... diesel
l'essence (f) ................ petrol
le frein ........................ brake
le gas-oil, gazole.......... diesel
l'huile (f) .................... oil
le moteur..................... engine
le pneu ........................ tyre
le radiateur.................. radiator
la réparation............... repair
la pièce de rechange .... spare part
la portière................... car door
le pot d'échappement .. exhaust pipe
le rétroviseur............... mirror
la roue (de secours) ..... (spare) wheel

crever † ...................... to burst (tyre)
démarrer...................... to start (engine)
dépanner ..................... to fix, repair
se dépêcher* ............... to hurry
fonctionner ................. to work
téléphoner à ................ to phone
tomber* en panne ........ to break down

# WHAT TO SEE AND GETTING AROUND

| Les excursions | Outings |
|---|---|
| la fête foraine | funfair |
| la fête nationale | national holiday |
| la foire | fair, market |
| le jardin zoologique | zoo |
| le musée | museum |
| le parc d'attractions | amusement park |
| le pique-nique | picnic |
| la promenade | walk |
| la randonnée | long walk |

| Pour aller à ...? | How do I get to ...? |
|---|---|
| Pardon Madame | Excuse me |
| Pardon Monsieur | Excuse me |
| Allez tout droit | Go straight on |
| Descendez la rue | Go down the street |
| Empruntez la N176 | Take the N176 |
| Montez la rue | Go up the street |
| Tournez à droite | Turn right |
| Tournez à gauche | Turn left |
| Traversez la rue | Cross the road |
| Merci beaucoup | Thank you very much |

For **landmarks** see page 68

For **buildings** see page 68

| Où est-ce? | Where is it? |
|---|---|
| à 10 kilomètres de | 10 km from |
| à 100 mètres d'ici | 100 metres from here |
| à côté de la poste | next to the post office |
| à proximité de ... | near to, close to ... |
| après le carrefour | after the crossroads |
| au coin de la rue | on the street corner |
| avant le kiosque | before the kiosk |
| derrière le théâtre | behind the theatre |
| devant le cinéma | outside the cinema |
| en face de la banque | opposite the bank |
| près de la place | near the square |
| près d'ici | near here |
| situé | situated |

| Des panneaux | Signs |
|---|---|
| accès aux quais | to the platforms |
| accès interdit (m) | no entry |
| défense d'entrer | no entry |
| défense de marcher sur le gazon | keep off the grass |
| déviation | diversion |
| interdit aux cyclistes | no cyclists |
| péage | toll |
| rappel | reminder |
| réservé aux piétons | pedestrians only |
| sens unique (m) | one way |
| serrez à droite | keep to the right |
| stationnement interdit (m) | no parking |
| toutes directions | all routes |
| travaux (mpl) | roadworks |

| Les moyens de transport | Means of transport |
|---|---|
| l'autocar (m) | coach |
| l'avion (m) | plane |
| la bicyclette | bicycle |
| le bus | bus |
| le camion | lorry |
| la camionnette | van |
| le car | coach |
| le (car-)ferry | car ferry |
| l'hydroglisseur (m) | hydrofoil |
| le métro | underground, metro |
| la mobylette | moped |
| la moto | motorbike |
| la piste cyclable | cycle lane |
| le poids lourd | HGV, lorry |
| le tramway | tram |
| le taxi | taxi |
| les transports en commun | public transport |
| le vélo | bike |
| le vélomoteur | moped |
| la voiture | car |
| le VTT (vélo tout terrain) | mountain bike |

**On prend le train**    Train travel
l'arrivée (f) ................. arrival
le changement d'horaire ... timetable change
le chemin de fer ........... railway
le congé ...................... annual holiday, leave
les correspondances (f) ..... connections
le départ ...................... departure
la destination ............... destination
l'horaire (m) ................. timetable
le jour férié ................. public holiday
les renseignements (m) .... information
le réseau ...................... network
les vacances (f) ............. holidays
le voyage, le trajet ........ journey
le voyageur .................. traveller

l'express (m) ................ express train
l'omnibus (m) ............... stopping train
le rapide ...................... express
le TGV ......................... high speed train

un (aller) simple ........... a single ticket
un aller-retour ............... a return ticket
le billet ........................ ticket
la réservation ............... reservation
le supplément de 20€ .... €20 supplement

à l'avance .................... in advance
inclus, y compris .......... included
en première classe ........ (in) first class
en seconde classe ......... (in) second class

les bagages (m) ............. luggage
la barrière .................... barrier
le bureau de réservation ... ticket office
le bureau de renseignements
.............................. information office
le centre d'accueil ........ reception
la consigne (automatique)
.............................. left luggage (lockers)
la gare SNCF ............... railway station
le guichet .................... ticket office
le quai ......................... platform
la salle d'attente .......... waiting room

le buffet ...................... buffet (car)
la couchette ................. sleeper, couchette
la voiture .................... carriage

en direction de ............ going to
à l'heure ..................... on time
en provenance de ........ coming from
en retard ..................... late
libre ........................... free, unoccupied

aller* chercher *irreg* .... to fetch
descendre* (de) .......... to get off/out of
manquer, rater ............ to miss (train)
monter* (dans) ........... to get on/into
partir* (de) *irreg* ........ to leave (from)
prendre le train *irreg* ... to catch the train
se retrouver* .............. to meet up
voyager † en train ....... to go by train

**On prend le bus ou le tramway**
                 **Bus or tram travel**
l'arrêt (m) ................... bus stop
le car de ramassage ...... school bus
la gare routière ........... coach station
la ligne ....................... line, route
le numéro ................... number

l'automate (m) ............ ticket machine
le carnet ..................... book of tickets
le tarif ........................ fare
le ticket ...................... ticket

composter ................... to time stamp a ticket
renseigner .................. to give information to
se renseigner* (sur) ..... to find out (about)
transporter ................. to transport

le chauffeur de bus ...... bus driver
le contrôleur ............... ticket inspector
le passager ................. passenger

**Le Royaume-Uni** — **The United Kingdom**

| Country | Meaning | Language | Inhabitant | Adjective |
|---|---|---|---|---|
| l'Angleterre (f) | England | l'anglais | un(e) Anglais(e) | anglais(e) |
| l'Ecosse (f) | Scotland | l'anglais | un(e) Ecossais(e) | écossais(e) |
| l'Irlande du Nord (f) | N Ireland | l'anglais | un(e) Irlandais(e) | irlandais(e) |
| le Pays de Galles | Wales | le gallois, l'anglais | un(e) Gallois(e) | gallois(e) |
| la Grande-Bretagne | Great Britain | l'anglais | un(e) Britannique | britannique |

**La France et les pays voisins** — **France and its neighbours**

| | | | | |
|---|---|---|---|---|
| l'Allemagne (f) | Germany | l'allemand | un(e) Allemand(e) | allemand(e) |
| la Belgique | Belgium | le français, le flamand | un(e) Belge | belge |
| l'Espagne (f) | Spain | l'espagnol | un(e) Espagnol(e) | espagnol(e) |
| la France | France | le français | un(e) Français(e) | français(e) |
| l'Italie (f) | Italy | l'italien | un(e) Italien(ne) | italien(ne) |
| l'Irlande (l'Eire) (f) | Irish Republic | l'irlandais, l'anglais | un(e) Irlandais(e) | irlandais(e) |
| le Luxembourg | Luxembourg | le français, l'allemand, le luxembourgeois | un(e) Luxembourgeois(e) | luxembourgeois(e) |
| les Pays Bas (m) | Netherlands | le néerlandais | un(e) Néerlandais(e) | néerlandais(e) |
| la Suisse | Switzerland | l'allemand, le français, l'italien, le romanche | un(e) Suisse | suisse |

**D'autres pays** — **Other countries**

les Antilles (f) .............. West Indies
l'Autriche (f) ................ Austria
le Bangladesh ............... Bangladesh
la Chine ........................ China
le Danemark ................. Denmark
les Etats-Unis (m) ........ America
la Grèce ....................... Greece
l'Inde (f) ...................... India
la Jamaïque .................. Jamaica
le Japon ....................... Japan
le Pakistan ................... Pakistan
la Pologne ................... Poland
le Portugal ................... Portugal
la Russie ...................... Russia

algérien ........................ Algerian
américain ..................... American
antillais ....................... West Indian
australien ..................... Australian
bangladais ................... Bangladeshi

canadien ...................... Canadian
chinois ......................... Chinese
danois .......................... Danish
grec .............................. Greek
indien ........................... Indian
jamaïcain ..................... Jamaican
japonais ....................... Japanese
marocain ...................... Moroccan
pakistanais ................... Pakistani
polonais ....................... Polish
portugais ...................... Portuguese
russe ............................ Russian
tunisien ........................ Tunisian

**Des régions** — **Regions**

la Bretagne .................. Brittany
les Cornouailles (f) ....... Cornwall
la Corse ....................... Corsica
le Côte d'Azur ............. French Riviera
les îles anglo-normandes .. Channel Islands
le Midi ......................... South of France

61

**Des villes** | **Towns**
Bruxelles ....................Brussels
Douvres .....................Dover
Edimbourg..................Edinburgh
Genève .........................Geneva
Londres.......................London

**Des mers et des rivières**
**Seas and rivers**
l'(océan) Atlantique .....Atlantic (ocean)
la Manche ....................English Channel
le Pas de Calais ...........Straits of Dover
la Mer d'Irlande ..........Irish Sea
la Mer du nord.............North Sea
la Méditerranée ...........Mediterranean Sea

le Rhin .........................Rhine
la Tamise .....................Thames

**Des montagnes** | **Mountains**
les Alpes (f).................Alps
le Massif central ..........Massif Central
les Pyrénées (f).............Pyrenees

**Les continents** | **Continents**
l'Afrique (f).................Africa
l'Asie (f)......................Asia
l'Amérique du nord (f).North America
l'Amérique du sud........South America
l'Australie (f)...............Australia
l'Europe......................Europe

**Des pays francophones**
**French-speaking countries**
l'Algérie ......................Algeria
la Belgique .................Belgium
le Bénin ......................Benin
le Burkina Faso ...........le Burkina Faso
le Burundi....................Burundi
le Cambodge................Cambodia
le Cameroun ................Cameroon
le Canada.....................Canada
les Comores.................Comoros

le Congo......................the Congo
la Côte d'Ivoire...........Ivory Coast
la République de Djibouti
...........................Djibouti
la France ......................France
le Gabon......................Gabon
la Guadeloupe.............Guadeloupe
la Guinée......................Guinea
la Guinée équatoriale... Equatorial Guinea
la Guyane....................French Guiana
l'île de Haïti ................Haiti
le Liban........................Lebanon
le Luxembourg............Luxembourg
l'île de Madagascar ......Madagascar
le Mali..........................Mali
le Maroc......................Morocco
le Martinique ..............Martinique
l'île Maurice................Mauritius
la Mauritanie..............Mauritania
la Mayotte...................Mayotte
le Monaco ...................Monaco
le Niger .......................Niger
la Nouvelle Calédonie . New Caledonia
la Polynésie française .. French Polynesia
la République Centrafricaine
.................... Central African Republic
la République Démocratique du Congo
.........Democratic Republic of the Congo
l'île de la Réunion ........ Réunion
le Rwanda ...................Rwanda
Saint-Martin................ Saint Martin
le Sénégal ...................Senegal
les Seychelles ..............the Seychelles
les îles de St-Pierre-et-Miquelon
........................... St-Pierre-and-Miquelon
la Suisse......................Switzerland
le Tchad ......................Chad
le Togo........................Togo
les Terres Australes et Antarctiques
...... Australian and Antarctic Territories
la Tunisie ....................Tunisia
le Vanuatu...................Vanuatu
Wallis-et-Futuna.........Wallis Islands

# HOME AND ENVIRONMENT
## HOME AND LOCAL AREA

| Le logement | Housing |
|---|---|
| l'appartement (m) | flat |
| le bâtiment | building |
| la ferme | farm |
| le foyer | home, hostel, club |
| l'HLM (f) | council/housing association flat |
| l'immeuble (m) | block of flats |
| la maison | house |
| la maison mitoyenne | semi-detached house |
| le pavillon | detached house, villa |
| le studio | bedsit, studio |
| | |
| le déménagement | house move |
| l'habitant | inhabitant |
| le, la locataire | tenant |
| le loyer | rent |
| le propriétaire | owner |
| les résidents (m) | residents |

| L'adresse (f) | Address |
|---|---|
| le code postal | postcode |
| le domicile | place of residence |
| la messagerie électronique | e-mail |
| le numéro | number |
| le numéro de fax | fax number |
| le numéro de téléphone | phone number |
| | |
| l'allée (f) | lane, avenue |
| l'avenue (f) | avenue |
| le boulevard | boulevard, wide road |
| le centre | centre |
| le chemin | lane, path |
| l'impasse (f) | cul-de-sac |
| le passage | passage, alley |
| la place | square |
| le pont | bridge |
| le quai | embankment, quay |
| la route | main road |
| la rue | street, road |

| impair | odd (numbers) |
|---|---|
| pair | even (numbers) |
| | |
| agrandir | to extend, enlarge |
| aménager † | to do up, sort out |
| déménager † | to move house |
| donner sur | to look out over |
| éclairer | to light up |
| habiter | to live, dwell |

| La location | Location |
|---|---|
| la banlieue | suburbs (Parisian) |
| la campagne | country (not town) |
| le département | department (county) |
| la mer | sea |
| le pays | country (state) |
| le quartier | district of town, city |
| le village | village |
| la ville | town |
| | |
| à l'est (m) | in the east |
| à l'ouest (m) | in the west |
| au nord | in the north |
| au sud | in the south |

| Les généralités | General |
|---|---|
| l'accueil (m) | reception |
| l'ascenseur (m) | lift |
| le couloir | corridor |
| l'entrée (f) | entrance |
| l'escalier (m) | staircase |
| l'étage (m) | floor, storey |
| la marche | step, stair |
| le palier | landing |
| le plan | plan |
| la porte d'entrée | front door |
| le premier étage | first floor, upstairs |
| le rez-de-chaussée | ground floor |

en bas...........................downstairs
en haut........................upstairs
haut..............................high

**Les pièces (f)　　　Rooms**
la buanderie.................utility room
le bureau......................study
la cave .........................cellar
la chambre...................bedroom
la cuisine .....................kitchen
le garage .....................garage
le grenier .....................attic, loft
la salle à manger..........dining room
la salle de bains ...........bathroom
la salle de jeux.............playroom
la salle de séjour..........living room, lounge
le salon ........................lounge, sitting room
le séjour ......................living room, lounge
le sous-sol...................basement
les toilettes (f)..............toilet
la véranda ...................conservatory
le vestibule .................hall
les WC (m) ..................toilet

**La chambre (à coucher)　　Bedroom**
l'armoire (f)................wardrobe
le baladeur..................personal stereo
la brosse......................brush
la chaise......................chair
la commode ................chest of drawers
l'étagère (f).................shelf
la glace .......................mirror
la lampe ......................lamp, light
le lit ............................bed
les lits superposés........bunk beds
le livre ........................book
le peigne .....................comb
le poster ......................poster
le rideau......................curtain
le tapis ........................rug, carpet
　　　　　　　　(not fitted)
le tiroir........................drawer

le CD...........................compact disc
la chaîne hi-fi..............stereo system
le DVD ........................DVD
le jeu-vidéo.................video game
les jouets (m)..............toys
l'ordinateur (m)..........computer
le radio-réveil.............radio clock
le sèche-cheveux..........hairdryer
le téléviseur ................television set

**La cuisine　　　Kitchen**
le congélateur .............freezer
la cuisinière à gaz........gas cooker
la cuisinière électrique. electric cooker
le (four à) micro-ondes microwave
le frigo ........................fridge
le lave-linge ................washing machine
le lave-vaisselle ..........dishwasher
le réfrigérateur ............fridge

l'aspirateur (m)............vacuum cleaner
l'essoreuse (f)..............spin dryer
l'évier (m)...................sink
le fer à repasser...........iron
le four .........................oven
le grille-pain ...............toaster
la machine...................machine
la mode d'emploi........instructions
le placard ....................cupboard
le sèche-linge..............tumble dryer

brancher......................to plug in
brûler ..........................to burn
congeler † ...................to freeze

les allumettes (f)..........matches
le balai ........................broom
la bouilloire ................kettle
la casserole .................saucepan
la cocotte.....................casserole
le décapsuleur..............bottle opener
la lessive .....................washing powder

la marmite .................. cooking pot
l'ouvre-boîte (m) ......... can opener
l'ouvre-bouteille (m) .... bottle opener
la planche à repasser .... ironing board
le plateau ..................... tray
la poêle ........................ frying pan
la poubelle ................... rubbish bin
le torchon .................... tea towel

**La salle à manger    Dining room**
la bougie ...................... candle
le buffet ....................... sideboard
la chaise....................... chair
la nappe ....................... tablecloth
la table ........................ table
le tableau ..................... picture

**La salle de séjour    Living room**
**Le salon              Lounge**
la bibliothèque ............. book-case
le canapé ..................... sofa, settee
la chaîne hi-fi .............. stereo system
la cheminée ................. fireplace, chimney
le coussin .................... cushion
le fauteuil ................... armchair
le feu........................... fire
la moquette ................. fitted carpet
le parquet en bois massif.. solid wood floor
la pendule ................... clock
la photo ...................... photo
le lecteur CD ............... CD player
le lecteur de DVD ........ DVD player
la table basse .............. coffee table
le téléviseur ................ TV set
le vase ........................ flower vase

**La salle de bains    Bathroom**
la baignoire ................ bath (tub)
le bain......................... bath (activity)
le bidet........................ bidet
la brosse à dents .......... toothbrush
le dentifrice ................ toothpaste
le déodorant................ deodorant

la douche ..................... shower
le drap de bain ............. bath towel
l'eau chaude/froide(f)... hot/cold water
l'éponge (f).................. sponge
le gant de toilette ......... flannel
le lavabo ..................... wash basin
le miroir...................... mirror
le papier hygiénique ..... toilet paper
la prise-rasoir............... electric razor socket
le rasoir....................... razor
le robinet..................... tap
le savon........................ soap
la serviette .................. towel
le shampooing ............. shampoo

For **helping at home** see page 67
For **daily routine** see page 67

**Généralités          General**
le balcon ..................... balcony
le contenu ................... contents
le décor ....................... decor
la fenêtre..................... window
la grille (de sécurité) .... (sécurity) gate
le mètre (carré) ............ (square) metre
les meubles (m) ........... furniture
le mur ......................... wall
le papier peint.............. wallpaper
la peinture................... paint, painting
le plafond.................... ceiling
le plancher .................. floor
la poignée ................... door handle
la porte (d'entrée)........ (front) door
la serrure..................... lock
la sonnette................... doorbell
le toit.......................... roof
le verre........................ glass
la vitre......................... window (pane)
le volet........................ shutter

l'ampoule électrique (f).... light bulb
le bouton..................... switch

le chauffage central ......central heating
la corde ........................flex
le courant ....................current
l'eau (f) ........................water
l'électricité (f) .............electricity
le gaz ..........................gas
l'interrupteur (m) ..........switch
la lumière ....................light
la prise de courant ........plug
le radiateur ..................radiator

**Le garage          Garage**
l'auto (f) ......................car
l'automobile (f) ............car
la moto ........................motorbike
les outils (m) ...............tools
la tondeuse (à gazon)....lawnmower
le vélo ..........................bike
la voiture ....................car
le VTT ........................mountain bike

**Le jardin          Garden**
l'arbre (fruitier) (m) .....(fruit) tree
l'abri (m) ....................shed
le buisson ....................bush, shrub
le cabanon ..................shed
la fleur ........................flower
le fruit ........................fruit
le gazon ......................lawn
la haie ..........................hedge
l'herbe (f) ....................grass
le jardin d'agrément .....flower garden
le jardin potager ..........vegetable garden
le légume ....................vegetable
la pelouse ....................lawn
la plante ......................plant
la plate-bande ..............flower bed
le pommier ..................apple tree
la remise ......................shed
la serre ........................greenhouse
la terrasse ..................patio, terrace

**C'est comment?     What is it like?**
aménagé ......................fitted, converted
bizarre ........................odd, strange
chic ............................smart
commode ....................easy, convenient
confortable ..................comfortable
de luxe ........................luxurious
élégant ........................elegant
essentiel ......................essential
étroit ............................narrow
fermé (à clé) ................closed, (locked) shut
industriel ....................industrial
ménager ......................domestic
meublé ........................furnished
muni de ......................equipped with
parfait ..........................perfect
particulier ..................personal
pratique ......................practical
privé ............................private
spacieux ......................spacious
touristique ..................tourist
typique ........................typical
vide ............................empty

de grand standing ........posh
en bon état ..................in good condition
en mauvais état ..........in poor condition

**C'est où?          Where is it?**
au premier étage ..........on the first floor
au rez-de-chaussée.......on the ground floor
derrière la maison ........behind the house
devant la maison ..........in front of the house
donne sur la rue ..........overlooks the street
donne sur le jardin ......overlooks the garden
en bas ..........................downstairs
en haut ........................upstairs
par ici ..........................this way
par là ..........................that way

**La routine quotidienne    Daily Routine**
aller* en ville *irreg* ......to go to town
s'allonger* † ...............to lie down
arriver* au collège .......to arrive at school
se brosser* les cheveux
................................to brush one's hair
se coucher* .................to go to bed
déjeuner........................to have lunch
se déshabiller*..............to get undressed
dîner ............................to have evening meal
se doucher* .................to shower
s'endormir* *irreg*........to fall asleep
enlever † ......................to remove
faire du sport *irreg* .......to do sport
faire la grasse matinée..to have a lie in
faire ses devoirs ..........to do homework
faire un somme.............to take a nap
s'habiller* ....................to get dressed
se laver* les dents ........to clean one's teeth
se lever* † ...................to get up
mettre *irreg* .................to put on clothes
mettre l'uniforme scolaire
........................ to put on  school uniform
ôter ..............................to take off (clothes)
se peigner* ..................to comb one's hair
se précipiter*..............to rush, hurry
prendre le petit déjeuner *irreg*
................................to have breakfast
se presser*...................to hurry
quitter la maison...........to leave the house
ranger † la chambre......to tidy the bedroom
se raser* ......................to shave
se réveiller* .................to wake up
rêver ............................to dream
se sécher* † les cheveux .. to dry one's hair

le pain grillé ................toast
le rêve..........................dream
le réveil ......................alarm clock
pressé .........................in a hurry

For **meals** see page 55
For **foods** see page 19
For **times** see page 10
For **days of the week** see page 11

**On donne un coup de main**
            **Helping at home**
aider à la maison..........to help in the house
balayer † ......................to sweep
bricoler ........................to do DIY
charger † le lave-vaisselle
........................ to load the dishwasher
débarrasser la table.......to clear the table
donner à manger au chat ..to feed the cat
essuyer † la table .........to wipe the table
laver la voiture.............to wash the car
mettre le couvert *irreg*.. ...to set the table
nettoyer † la cuisine .....to clean the kitchen
passer l'aspirateur ........to vacuum
plier les vêtements........to fold clothes
préparer les repas.........to get meals ready
promener † le chien......to walk the dog
ramasser......................to pick up
ranger † ma chambre....to tidy my room
repasser........................to iron

faire du bricolage *irreg*.to do odd jobs, DIY
faire les commissions ...to do the shopping
faire les courses...........to do the shopping
faire la cuisine .............to do the cooking
faire la lessive.............to do the washing
faire mon lit.................to make my bed
faire le ménage ............to do housework
faire les poussières .......to dust
faire la vaisselle...........to wash up

# HOME TOWN, NEIGHBOURHOOD AND REGION

**En ville**      **In town**
**Les bâtiments**      **Buildings**

la banque ..................... bank
la bibliothèque ............. library
le bureau ...................... office
le cinéma ..................... cinema
le club de jeunes .......... youth club
le collège ..................... secondary school
l'école (f) ..................... primary school
l'église (f) .................... church
la gare .......................... station
la gendarmerie ............. police station
l'hôpital (m) ................. hospital
l'hôtel de ville (m) ........ town hall (town)
le magasin ................... shop
la mairie ...................... town hall (eg village)
le (hyper)marché ......... (hyper)market
le parking ..................... car park
la piscine .................... swimming pool
la poste ....................... post office
la station-service ......... petrol station
l'usine (f) ..................... factory

le camping ................... campsite
la cathédrale ................ cathedral
le château .................... castle
l'hôtel (m) ................... hotel
le musée ...................... museum
l'office de tourisme (m) ... tourist office
le stade ........................ stadium
le syndicat d'initiative .. tourist office
le théâtre ..................... theatre

la cabine téléphonique .. phone box
le centre commercial .... shopping centre
le centre omnisports .... sports centre
le centre de sports ....... sports centre
le centre-ville .............. town centre
la clinique ................... clinic, hospital
le commissariat de police ..... police station
la fabrique .................. factory

le gratte-ciel *inv* .......... skyscraper
l'immeuble (m) ............ block of flats
le kiosque à journaux ... newspaper stand
le poste de police ......... police station
la tour (m) ................... tower block

l'aéroport (m) .............. airport
l'agence de voyages (f) ..... travel agency
l'auberge de jeunesse (f) .. youth hostel
l'exposition (f) ............. exhibition
la gare routière ............ coach station
le jardin des plantes ..... botanic garden, park
le palais ....................... palace
le parc ......................... park
la patinoire .................. ice rink

**Des points de repère**    **Landmarks**
l'arrêt d'autobus (m) .... bus stop
l'autoroute (f) .............. motorway
l'avenue (f) .................. avenue
la boîte aux lettres ....... letter box
le boulevard ................ wide street
       (with trees)
le bout de la rue ........... end of the road
le carrefour ................. crossroads
un endroit .................... a place
le lieu .......................... place
le métro ....................... underground
le milieu ...................... surrounding area
le passage clouté .......... zebra crossing
le passage à niveau ...... level crossing
le passage piéton .......... pedestrian crossing
le passage protégé ........ right of way
le (passage) souterrain . subway
la place ....................... square
le pont ......................... bridge
le rond-point .............. roundabout

le chantier ................... roadworks
la circulation ............... traffic
le coin ......................... corner

le drapeau ..................... flag
les feux (m) .................. (traffic) lights
l'horloge (f) .................. clock (large public)
le port ........................... port
la rue piétonne .............. pedestrian precinct
le sens interdit .............. no entry
le sens unique ............... one-way street
la tour ........................... tower
le trottoir ...................... pavement
la zone piétonne ........... pedestrianised area

la flèche ........................ church spire
les graffiti (m) .............. graffiti
le panneau .................... road sign, board
le périphérique ............. ring road
le quartier ..................... district, area
la rocade ....................... bypass

**Au jardin public      In the park**
le banc .......................... bench
le bassin ........................ basin, pool
la fleur .......................... flower
la fontaine .................... fountain
le jet d'eau .................... fountain
le monument ................. monument
la sculpture .................. sculpture

**Les gens      People**
l'agent de police (m) .... police officer
l'automobiliste (m)(f) .. motorist
le, la cycliste ............... cyclist
la foule ......................... crowd
le gendarme .................. police officer
les habitants (m) ........... inhabitants
le maire ......................... mayor
le, la motocycliste ........ motorcyclist
le passant ...................... passer-by
le piéton ........................ pedestrian
la piétonne .................... pedestrian
les résidents (m) ........... residents

**A la campagne      In the country**
l'arbre (m) .................... tree
le bois ........................... wood
le bord ........................... edge, river bank
la boue .......................... mud
la branche ..................... branch
le champ ....................... field
la clôture ...................... fence
la colline ...................... hill
la feuille ....................... leaf
la forêt .......................... forest
l'herbe (f) ..................... grass
la nature ....................... nature
le paysage ..................... countryside
la pierre ........................ stone
le pré ............................ meadow
la résidence secondaire
................................. second/holiday home
la rivière ....................... river
le rocher ....................... rock (stone)
le sentier ...................... footpath
le sol ............................. soil
chasser .......................... to chase, hunt

**A la ferme      On the farm**
le bœuf .......................... bullock
le canard ....................... duck
le cochon ...................... pig
l'écurie (f) ..................... stable
le fermier ...................... farmer
la grenouille ................. frog
la maison de ferme ....... farmhouse
le mouton ...................... sheep
le paysan ....................... countryman, farmer
la poule ......................... hen
le taureau ...................... bull
le tracteur ..................... tractor
la vache ......................... cow
la vendange/les vendanges .... grape harvest
le vignoble .................... vineyard
le viticulteur ................. vine grower

## Les animaux domestiques   Pets

| | |
|---|---|
| la bête | animal |
| la cage | cage |
| le chat | cat |
| le chaton | kitten |
| la chatte | female cat |
| le cheval | horse |
| le chien | dog |
| la chienne | female dog |
| le chiot | puppy |
| le cochon d'Inde | guinea pig |
| la gerbille | gerbil |
| le hamster | hamster |
| le lapin | rabbit |
| l'oiseau (m) | bird |
| la patte | paw |
| le perroquet | parrot |
| la perruche | budgerigar |
| le poisson rouge | goldfish |
| la souris | mouse |
| la tortue | tortoise |

| | |
|---|---|
| dresser | to train |
| élever † | to raise, breed |
| garder | to keep, look after |
| gratter | to scratch |
| promener † le chien | to walk the dog |
| siffler | to whistle |

## C'est comment?     What is it like?

| | |
|---|---|
| à faible densité de population | sparsely populated |
| agréable | pleasant |
| agricole | agricultural |
| animé | lively |
| anonyme | anonymous |
| antique | ancient, antiquated |
| commercial | commercial |
| dangereux | dangerous |
| entouré de … | surrounded by … |
| historique | historic |
| important | large, considerable |

| | |
|---|---|
| industriel | industrial |
| large | wide |
| littoral | coastal |
| local | local |
| lointain | distant |
| moderne | modern |
| montagneux | mountainous |
| naturel | natural |
| paisible | peaceful |
| pittoresque | picturesque |
| plat | flat |
| plusieurs | several |
| pollué | polluted |
| principal | principal, main |
| proche | near |
| profond | deep |
| public | public |
| rural | rural |
| sauvage | wild |
| surpeuplé | overcrowded |
| touristique | tourist, for tourists |
| urbain | urban |
| voisin | nearby, neighbouring |

## Comparaisons avec d'autres endroits
### Comparisons with other areas

| | |
|---|---|
| le centre sportif | sports centre |
| le centre de loisirs | leisure centre |
| le grand magasin | department store |
| les transports en commun | public transport |
| beaucoup de circulation | a lot of traffic |
| beaucoup de choses à faire | lots to do |
| rien à faire | nothing to do |
| aussi bien que | as well as |
| aussi grand que | as big as |
| aussi petit que | as small as |
| ennuyeux | boring |
| moche | awful |

| | | | |
|---|---|---|---|
| moins intéressant | less interesting | l'agriculture (f) | agriculture |
| moins industriel | less industrial | la banlieue | suburbs, outskirts |
| plus petit (que) | smaller (than) | le bruit | noise |
| plus grand (que) | bigger (than) | la capitale | capital |
| très intéressant | very interesting | l'environnement (m) | environment |
| | | les environs (m) | vicinity, outskirts |

For **names of buildings** see page 68
For **free time activities** see page 37
For **location** see page 63
For **going into town** see page 39

| l'espace (m) (vert) | (green) space |
|---|---|
| la frontière | frontier |
| l'industrie (f) | industry |
| la municipalité | town |
| le parc d'activités | business park |

**La géographie**    **Geography**

| le village | village |
|---|---|
| la ville | town |
| le voisinage | neighbourhood |
| la zone industrielle | industrial area |

| la caverne | cave |
|---|---|
| le climat | climate |
| la côte | coast |
| la distance | distance |
| l'étoile (f) | star (in sky) |
| le fleuve | river (ends at coast) |
| la hauteur | height |
| l'île (f) | island |
| le lac | lake |
| la longeur | length |
| la lune | moon |
| la montagne | mountain |
| le pays | country |
| la profondeur | depth |
| la province | province |
| la région | region |
| la rivière | river |
| le ruisseau | stream |
| le soleil | sun |
| le sommet | peak, summit |
| la vallée | valley |
| la vue | view |

| dans le Devon | in Devon |
|---|---|
| dans le Midi | in the south of France |
| dans le Yorkshire | in Yorkshire |
| en Cornouailles | in Cornwall |
| en Provence | in Provence |

For **countries** see page 61

**Des verbes utiles**    **Useful verbs**

| aller* jusqu'à *irreg* | to go as far as |
|---|---|
| apercevoir *irreg* | to see, make out |
| continuer | to carry on |
| couler | to flow |
| s'égarer* | to get lost |
| fabriquer | to manufacture |
| passer* devant | to go past |

# THE ENVIRONMENT AND PROBLEMS

| L'essentiel (m) | Basic Concepts |
|---|---|
| l'abus (m) | over-use, abuse |
| l'augmentation (f) | increase |
| l'avenir (m) | future |
| l'avertissment (m) | warning |
| le climat | climate |
| la conséquence | consequence |
| l'écosystème (m) | ecosystem |
| le dégel | thawing |
| l'enlèvement (m) | removal |
| l'environnement (m) | environment |
| les faits scientifiques (m) | the scientific facts |
| la modification génétique | GM |
| la protection | protection |
| la raison | reason |

| | |
|---|---|
| la calotte polaire | polar ice cap |
| le continent | continent |
| la forêt tropicale | rainforest |
| le monde | world |
| la nature | nature, the wild |
| la planète | planet |
| le pôle nord/sud | north/south pole |
| la terre | earth |

For **weather** see page 14

| | |
|---|---|
| économique | economical |
| émotif | emotive |
| épouvantable | terrible, appalling |
| extrême | extreme |
| international | international |
| irréversible | irreversible |
| nucléaire | nuclear |

| | |
|---|---|
| augmenter | to increase |
| baisser | to fall (temperature) |
| brûler | to burn, parch |
| changer † | to change |
| chauffer | to heat up |

| | |
|---|---|
| cueillir *irreg* | to pick |
| cultiver | to grow, cultivate |
| défendre | to forbid, defend |
| diminuer | to decrease |
| dessécher † | to dry out |
| empoisonner | to poison |
| endommager † | to damage |
| envahir | to invade |
| épuiser | to exhaust |
| filtrer | to filter |
| gâcher | to spoil |
| inonder | to flood |
| menacer † | to threaten |
| modifier | to modify, change |
| monter* | to rise (temperature) |
| oser | to dare |
| polluer | to pollute |
| se répandre* | to spread |

| Les sources de pollution | Sources of pollution |
|---|---|
| le carburant | fuel |
| la centrale électrique | power station |
| la centrale électrique au charbon | coal-fired power station |
| la centrale nucléaire | nuclear power station |
| le dioxide de carbone | carbon dioxide |
| l'emballage (m) | packaging |
| l'engrais chimique (m) | chemical fertiliser |
| la fumée | smoke |
| le gaz carbonique | carbon dioxide |
| les gaz d'échappement (m) | exhaust fumes |
| les industries chimiques (f) | chemical industries |
| les insecticides (m) | insecticides |
| le pesticide | pesticide |
| le pétrole brut | crude oil |

| | |
|---|---|
| l'aviation (f) | aviation, flying |
| la circulation | traffic |
| la climatisation | air conditioning |
| les maisons mal isolées (f) | badly insulated homes |
| le transport maritime | shipping |

**Des catastrophes    Disasters**

| | |
|---|---|
| l'épidémie (f) | epidemic |
| la faim | hunger |
| la famine | famine |
| l'inondation (f) | flood |
| les maladies (f) | disease |
| la pauvreté | poverty |
| la sécheresse | drought |
| le SIDA | AIDS |
| le tremblement de terre | earthquake |

| | |
|---|---|
| la cause | cause |
| le changement climatique | climate change |
| le climat | climate |
| la couche d'ozone | ozone layer |
| la crise | crisis |
| le déboisement | deforestation |
| la destruction | destruction |
| l'effet de serre (m) | greenhouse effect |
| l'enquête (f) | enquiry |
| le niveau de vie | standard of living |
| le risque | risk |
| le trou dans la couche d'ozone | hole in ozone layer |

| | |
|---|---|
| la fuite (de pétrole) | (crude oil) leak |
| l'incendie (m) | fire (accidental) |
| la marée noire | oil on beach |
| la nappe de pétrole | oil slick |
| le pétrolier | oil tanker |
| la pluie acide | acid rain |
| la pollution urbaine | urban pollution |
| le réchauffement de la planète | global warming |
| la raffinerie | oil refinery |
| l'usine (f) | factory |

**L'intervention humaine**
**Human intervention**

| | |
|---|---|
| l'armée (f) | army |
| la dictature | dictatorship |
| la grève | strike |
| la guerre | war |
| la paix | peace |
| le régime | regime, government |

| | |
|---|---|
| l'élection (f) | election |
| le gouvernement | government |
| la loi | law |
| la monarchie | monarchy |
| la politique | politics, policy |
| la république | republic |
| le Tiers Monde | Third World |

| | |
|---|---|
| l'être humain (m) | human being |
| le gréviste | striker |
| le ministre | minister |
| le premier ministre | Prime Minister |
| le président | President |
| le peuple | the people |
| la reine | queen |
| le roi | king |

| | |
|---|---|
| la Croix rouge | Red Cross |
| les Droits de l'Homme | human rights |
| les libertés civiques (f) | civil liberties |
| les manifestations (f) | demonstrations |
| la moralité | morality |
| les organisations caritatives (f) | charities |

**La conservation    Conservation**

| | |
|---|---|
| l'agriculture biologique (f) | organic farming |
| AEE (f) | environment agency |
| l'arbre (m) | tree |
| le biopesticide | biological pest control |
| le bois | wood |
| la chaîne alimentaire | food chain |
| le compostage des déchets verts | composting green waste |

la consommation modérée
..............................moderate consumption
l'énergie (f) ..................energy
l'énergie solaire (f).......solar energy
l'éolienne (f)..................wind turbine
le panneau solaire.........solar panel
la pile..............................battery
la voiture électrique......electric car

rechargeable .................rechargeable

**Les espèces menacées**
                  **Endangered species**
la faune.........................wildlife, fauna
les fleurs sauvages (f)...wild flowers
la flore ..........................flora, plants
la forêt tropicale ..........rain forest
le fourrage ....................fodder
l'habitat (m)..................habitat

les abeilles (f)...............bees
la coccinelle..................ladybird
le crapaud .....................toad
la grenouille..................frog
le hérisson ....................hedgehog
la morue, le cabillaud...cod
les oiseaux chanteurs....songbirds
les papillons (m)...........butterflies
le triton ........................newt

la baleine (bleue)..........(blue) whale
le dauphin.....................dolphin
la défense......................tusk
l'éléphant (m)...............elephant
la fourrure....................fur
l'ivoire (m) ...................ivory
le krill ..........................krill
l'orang-outang (m).......orang-utang
l'ours (blanc) (m) .........(polar) bear
le panda géant...............giant panda
le phoque......................seal
le tigre ..........................tiger

**Des animaux sauvages  Wild animals**
le chameau...................camel
le lion...........................lion
le serpent......................snake
le singe.........................monkey

**Des adjectifs**       **Some adjectives**
bio................................organic
blessé ...........................injured, wounded
en danger .....................in danger
mondial........................world
rare...............................rare

surchargé .....................overburdened
surpeuplé .....................overpopulated

**Des verbes utiles**    **Useful verbs**
avertir...........................to warn
chasser illégalement ....to poach (game)
fusiller..........................to shoot
inonder.........................to flood
lutter............................to fight, struggle
mourir* *irreg* ..............to die
se produire* ................to occur
protéger † ....................to conserve, protect
respirer.........................to breathe
sauvegarder.................to safeguard
sauver...........................to save
souffrir *irreg* ..............to suffer
tuer...............................to kill
vivre *irreg*..................to live

For **countryside** see page 69
For **opinions** see page 11
For **housing** see page 63
For **transport** see page 59

# BEING ENVIRONMENTALLY FRIENDLY

**Améliorer l'environnement**
**Improving the environment**

les ampoules à basse énergie (f)
.............................low energy light bulbs
le conteneur à bouteilles .. bottle bank
le centre de recyclage... recycling centre
le combustible fossile... fossil fuel
les économies d'énergie (f)
...............................energy conservation
l'empreinte écologique (f)
................................carbon footprint
l'entretien (m) ..............maintenance
l'environnement (m) .... environment
les options de transport "vert" (f)
...............................green travel options
le recyclage des déchets.... recycling waste
le terreau .....................compost heap
les transports en commun (m)
...............................public transport
le tourisme...................tourism

moins de .....................less
plus de ........................more
respectueux de l'environnement
.......................environmentally friendly

économiser ..................to save
limiter les dégâts .........to limit the damage
s'occuper* de la conservation
...........................to work for conservation
recycler.......................to recycle
utiliser .........................to use

**Les ordures ménagères**
**Domestic waste**

la boîte en acier ............steel can
la boîte en aluminium... aluminium can
les déchets (m).............rubbish
les détritus (m).............rubbish, detritus
l'emballage (m) ...........packaging
le film plastique...........cling film
le plastique ..................plastic
le métal.......................metal
le papier......................paper
les restes (m) ...............left-overs
le sac en plastique........plastic bag
le verre........................glass

chimique.....................chemical
écologique ..................ecological
pré-emballé..................pre-packaged
renouvelable ...............renewable
transparent ..................clear
urbain..........................urban
vert..............................green

dépasser......................to exceed
détruire *irreg* ..............to destroy
emballer......................to wrap, pack
gaspiller......................to waste
produire *irreg* .............to produce
se rendre* compte de....to realise
renoncer † à.................to give up
trier les déchets............to separate the
                                              rubbish

75

# SPECIAL OCCASIONS - HOME AND FAMILY

**On fête**          **We celebrate**

Bon anniversaire! .........Happy Birthday!
Bonne année! ................Happy New Year!
Bonne chance! .............Good luck!
Bonne fête! ...................Happy name day!
Bonne journée! .............Have a nice day!
Bonnes vacances! .........Have a good
                                       holiday!
Félicitations! .................Congratulations!
Joyeuses Pâques! ..........Happy Easter!
Joyeux Noël! ................Happy Christmas!
Meilleurs Vœux! ..........Best Wishes

l'anniversaire (m) .........birthday
le baptême ....................baptism
la boum.........................party
l'événement (m) ...........event
les festivités (f).............festivities
la fête............................party, name day
les fiançailles................engagement
le jour de congé ............day off
le nouvel an ..................New Year
la surprise .....................surprise
la surprise-partie...........party (outdated)

le cinq novembre ..........Guy Fawkes Night
le Diwali .......................Divali
l'Aïd el-Fitr...................Eid
la fête des Mères ..........Mother's Day
la Hanoukka .................Chanukah
le jour de l'An ..............New Year's Day
le jour de Noël..............Christmas Day
le jour de Pâques ..........Easter Day
le jour des Rois.............Twelfth Night
le Mardi gras ...............Shrove Tuesday
le nouvel an juif............Rosh Hashana
la Pâque juive ..............Passover
la Pentecôte .................Whitsun
le Ramadan...................Ramadan
le Sabbat......................Sabbath
la Saint-Sylvestre .........New Year's Eve

la Saint-Valentin ......... St Valentine's Day
la Toussaint................. All Saints (Nov 1st)
la veille de Noël........... Christmas Eve
le vendredi saint .......... Good Friday
le premier mai.............. May 1st

**Les généralités**          **General**

la bûche de Noël .......... Christmas log (cake)
le cadeau ...................... present
la carte ........................ card
le désir ........................ wish, desire
la fête d'anniversaire ... birthday party
le feu de joie (m) ........ bonfire
les feux d'artifice (m).. fireworks
les œufs en chocolat (m)...Easter eggs
le Père Noël ................ Father Christmas
le repas de Noël .......... Christmas meal
le réveillon de Noël ..... Christmas Eve meal
le réveillon de la Saint-Sylvestre
    ..............................New Year's Eve meal
le sapin de Noël .......... Christmas tree

familial........................ of the family
religieux..................... religious

aller* au restaurant *irreg*
    .............................. to go to a restaurant
aller* voir des amis...... to visit friends
célébrer † .................... to celebrate
écouter de la musique .. to listen to music
féliciter....................... to congratulate
fêter............................ to celebrate
offrir des cadeaux *irreg* ... to give presents
organiser ..................... to organise
prier ........................... to pray
rassurer ...................... to reassure
recevoir des amis *irreg* .... to have friends round

For **religion** and **marriage** see page 27
For **opinions** see page 11

# WORK AND EDUCATION

## SCHOOL/COLLEGE AND FUTURE PLANS

| La scolarisation | School attendance |
|---|---|
| l'école maternelle (f) | nursery school |
| l'école primaire (f) | primary school |
| l'école primaire privée (f) | prep school |
| le CES | secondary school |
| le collège (d'enseignement secondaire) | secondary school |
| le collège privé | public school |
| l'école (publique) (f) | (state) school |
| l'internat (m) | boarding school |
| le lycée | sixth form college |
| le lycée technique | technical college |
| la fac(ulté) | university |
| la section | department |

| | |
|---|---|
| être en sixième *irreg* | to be in Year 7 |
| être en cinquième | to be in Year 8 |
| être en quatrième | to be in Year 9 |
| être en troisième | to be in Year 10 |
| être en seconde | to be in Year 11 |
| être en première | to be in Year 12 |
| être en terminale | to be in Year 13 |

| Les gens | People |
|---|---|
| le, la camarade de classe | classmate |
| le collégien | secondary pupil |
| la collégienne | secondary pupil |
| le copain | (school) friend |
| la copine | (school) friend |
| le, la demi-pensionnaire | day-boy/girl |
| l'écolier (m) | school boy |
| l'écolière(f) | school girl |
| l'élève (m)(f) | pupil |
| l'externe (m)(f) | day pupil |
| l'interne (m)(f) | boarder |
| le lycéen, la lycéenne | pupil at a lycée |
| le, la partenaire | partner |
| le, la pensionnaire | boarder |

| | |
|---|---|
| le, la concierge | caretaker |
| le conseiller d'orientation | careers officer |
| le directeur | primary headmaster |
| la directrice | primary headmistress |
| l'enseignant (m) | teacher |
| le gardien | caretaker |
| l'infirmier (m) | nurse |
| l'infirmière (f) | nurse |
| l'inspecteur (m) | inspector |
| l'instituteur (m) | primary teacher |
| l'institutrice (f) | primary teacher |
| l'intendant (m) | bursar |
| le principal, la principale | head (collège) |
| le, la prof | teacher |
| le professeur | teacher |
| le proviseur | head (lycée) |
| le, la secrétaire | secretary |
| le, la surveillant(e) | student supervisor |

| Le groupe scolaire | The school complex |
|---|---|
| l'atelier (m) | workshop, studio |
| la bibliothèque | library |
| le bureau | office |
| la cantine | canteen |
| le CDI | resources centre |
| le couloir | corridor |
| la cour | playground |
| le dortoir | dormitory |
| l'établissement (m) | establishment |
| le foyer des élèves | pupils' common room |
| le gymnase | gym |
| l'infirmerie (f) | sick bay |
| le labo(ratoire) | lab(oratory) |
| le panneau d'affichage | notice board |
| la piscine | swimming pool |
| le préau | covered play area |
| la (grande) salle | hall |
| la salle de classe | classroom |
| la salle d'informatique | computer room |

la salle de permanence .private study room
la salle des professeurs.... staffroom
le terrain de football .....football pitch
les vestiaires (m) .........changing rooms

**Les matières**     **School subjects**
l'allemand (m).............German
l'anglais (m)................English
l'art dramatique (m).....drama
la biologie....................biology
la chimie.......................chemistry
les cours sur les médias (f). media studies
la couture.....................needlework
la cuisine .....................cookery
le dessin.......................drawing
l'économie domestique (f). home economics
l'éducation physique (f)..... PE
l'EMT (f)....................CDT
l'EPS (f).......................PE
l'espagnol (m) ..............Spanish
les études (f)................studies
les études de commerce (f). business studies
le français ....................French
la géo(graphie) .............geography
la gym(nastique)..........gym(nastics)
l'histoire (f) .................history
l'histoire-géo (f)..........humanities
l'informatique (f).......ICT, computer studies
l'instruction civique (f) ...... PHSE
l'instruction religieuse (f) .. RE
la littérature .................literature
les mathématiques (f)...mathematics
les maths (f)................maths
la matière facultative....optional subject
la matière obligatoire ...core subject
la matière préférée........favourite subject
la musique ...................music
l'orientation professionnelle (f)
.............................careers advice
la physique .................physics
la poterie......................pottery
les sciences (f).............science

les SES (f)................... economics
les sciences naturelles
.........................biology, natural sciences
les sciences humaines.. social sciences
le sport ........................ sport
le sujet.......................... subject, topic
la technologie .............. technology
les travaux manuels (m) ...CDT
les travaux pratiques (m)..CDT

**La journée scolaire**     **The school day**
l'après-midi (m)........... afternoon
l'assemblée (f)............. assembly
le cours ........................ lesson
l'heure (f) du déjeuner. lunch hour
la leçon ........................ lesson
le matin........................ morning
la pause (de midi) ........ (dinner) hour
la récréation ................ break
le règlement ................ rules

**L'uniforme scolaire**     **School uniform**
les chaussettes (f) ........ socks
les chaussures (f) ........ shoes
la chemise ................... shirt
le chemisier................. blouse
le collant .................... tights
la cravate.................... tie
le gilet......................... cardigan, waistcoat
la jupe ......................... skirt
le pantalon .................. trousers
le pull.......................... pullover
le pullover................... pullover
la robe ......................... dress
la veste, le veston ........ blazer

## Les activités extrascolaires
### Extracurricular activities
la chorale...................... choir
le club.......................... club
l'échange (m).............. exchange
l'équipe (f) .................. team
l'excursion (f) ............. trip, outing
la fanfare ..................... brass band
le match...................... match
l'orchestre (m)............. orchestra
la pièce de théâtre ........ play
le tournoi ..................... tournament
la visite....................... visit

s'asseoir* *irreg* ........... to sit down
faire attention *irreg* ...... to be careful,
pay attention
faire l'appel *irreg* ........ to call the register
poser une question ....... to ask a question
punir ............................ to punish
redoubler (une classe) .. to repeat a year
réfléchir....................... to think about sth
remettre *irreg* .............. to hand in, postpone
se taire* *irreg* .............. to be quiet

## L'année scolaire       The school year
la rentrée (des classes) . school year start
les vacances (f) de la Toussaint
.............................. autumn half term
les vacances de Noël .... Christmas holidays
les vacances de février . February holiday
les vacances d'hiver ..... February holiday
les vacances de Pâques  Easter holidays
les grandes vacances .... summer holidays

l'échange scolaire (m).. school exchange
l'emploi du temps (m).. timetable
l'enseignement (m) ...... teaching,
education
la semaine.................... week
le trimestre ................. term

## Dans la salle de classe    In the classroom
le bureau du professeur ... teacher's desk
le casier....................... locker, pigeon hole
la chaise...................... chair
la craie ........................ chalk
la fenêtre..................... window
le placard .................... cupboard
la porte........................ door
la table ........................ table
le tableau (noir/blanc) ..(black/white) board
le tableau blanc interactif (TBI)
.............................. interactive whiteboard

le casque ..................... headphones
le chiffon .................... duster
l'écran (m)................... screen
l'éponge (f)................. sponge
le magnétophone ......... tape recorder
le magnétoscope .......... video recorder
le microphone.............. microphone
l'ordinateur (m) ........... computer
le rétroprojecteur ......... overhead projector
le vidéoprojecteur......... video projector

un accent...................... accent
un aperçu ..................... outline
l'alphabet (m).............. alphabet
le calcul ...................... sum, calculation
la copie ....................... exercise,
piece of work
le devoir de français ..... French homework
les devoirs (m)............. homework, prep
le dossier..................... project
l'échec (m) .................. failure
l'exercice (m) .............. exercise
l'extrait (m) ................. extract
la grammaire............... grammar
l'histoire (f) ................ story
le problème.................. problem
le récit......................... story, account
la rédaction.................. essay
le résumé ..................... summary

le symbole ..................symbol
le texte .........................text
le titre ..........................title
la traduction................translation
le vocabulaire ..............vocabulary

la case ..........................square, box
l'écriture (f) .................handwriting
l'erreur (f)....................mistake
l'exemple (m)..............example
la faute ........................mistake
la langue ......................language
la lecture......................reading
la ligne.........................line
le mot............................word
l'orthographe (f)..........spelling
la page .........................page
la phrase ......................phrase, sentence

le bulletin.....................report
le dialogue ...................conversation, dialogue
la discipline .................discipline
le discours ...................speech
l'enseignement (m) ......teaching
la parole.......................word, speech
la permission ...............permission
le progrès.....................progress
le résultat.....................result
la réussite.....................success
le silence......................silence
le succès ......................success

**Le matériel scolaire   Classroom kit**
le bloc-notes ................notepad, note book
le cahier.......................exercise book
le cahier de brouillon....rough book
la calculatrice/calculette... calculator
le carnet .......................notebook, vocab book
le cartable ....................schoolbag
le classeur....................folder, file, binder

le crayon (de couleur).. (coloured) pencil
le dossier.....................folder
l'encre (f)....................ink
la feuille de travail....... worksheet
le feutre.......................felt tip pen
la fiche ........................worksheet
le fichier......................file (for paper)
la gomme ....................rubber
les instructions (f)........ instructions
le livre.........................book
le manuel ....................text book
la règle ........................ruler; rule
le stylo ........................pen
la trousse.....................pencil case

le bâton de colle.......... glue stick
la cartouche................. ink cartridge
la colle ........................glue
l'effaceur (m).............. eraser pen
le fluo..........................highlighter pen
le sac à dos.................. rucksack
le taille-crayon............ pencil sharpener

l'agrafe (f)................... staple
l'agrafeuse (f) ............. stapler
la carte ........................map
les ciseaux (m)............ scissors
le dictionnaire............. dictionary
la feuille de papier....... sheet of paper
le papier (à dessin)....... (drawing) paper
la perforeuse ............... hole punch
la punaise...................drawing pin
le scotch® ...................Sellotape®
le trombone.................paper clip

**Des verbes utiles   Useful verbs**
calculer .......................to calculate
classer .........................to file
cocher .........................to tick
coller...........................to stick, glue
comparer......................to compare
compléter † .................to complete

copier ........................... to copy
corriger † ...................... to correct, mark
découper ....................... to cut out
effacer † ...................... to rub out, erase
encercler ...................... to circle, ring round
être en train de *irreg*..... to be in the process of
être fort en *irreg*.......... to be good at ...
être nul en.................... to be rubbish at ...
être sur le point de........ to be about to ...
feuilleter † ................... to leaf through
mettre dans le bon ordre *irreg*
............................... to put in the right order
rayer † .......................... to cross out
souligner...................... to underline, to stress

comprendre *irreg* ......... to understand
correspondre................. to correspond
discuter........................ to discuss, chat
étudier ......................... to study
expliquer ..................... to explain
imaginer ...................... to imagine
mériter......................... to deserve
noter ........................... to note
prononcer † ................. to pronounce
rechercher.................... to research
répéter † ...................... to repeat
signifier ...................... to mean
se terminer*................. to end, finish
terminer ...................... to finish, complete
traduire *irreg* ............... to translate
travailler dur................ to work hard
vouloir dire *irreg*......... to mean
être en retard *irreg* ...... to be late
être en retenue............. to be in detention

faire des progrès (m) *irreg*
............................... to make progress
faire ses devoirs .......... to do one's homework
faire ses excuses.......... to apologise
faire une expérience ..... to do an experiment

jouer à........................... to play (sport)
jouer de........................ to play (instrument)

assister à ...................... to be present at
causer........................... to cause
causer (de) ................... to chat (about)
chahuter....................... to play up, mess about
deviner......................... to guess
encourager † ................ to encourage
enseigner ..................... to teach
indiquer ....................... to point out
inventer........................ to invent
laisser tomber .............. to drop
permettre *irreg* ............ to allow,
                                  give permission
rêver............................ to dream
surveiller...................... to supervise
venir de *irreg*............... to have just

For **daily routine** see page 67
For **modes of transport** see page 59
For **times** see page 10
For **days of the week** see page 11
For **numbers** see page 9

**A l'avenir**              **Future plans**
l'apprentisage (m) ........ apprenticeship
le stage de formation ....training course
l'université (f).............. university

aller a l'université *irreg*
............................... to go to university
faire un apprentisage *irreg*
.......................... to do  an apprenticeship
trouver du travail ......... to find work

For other **future plans** see page 83

# WHAT IS SCHOOL OR COLLEGE LIKE?

| C'est comment? | What is it like? |
|---|---|
| mixte | mixed |
| pour garçons | boys only |
| pour filles | girls only |
| | |
| en béton | made of concrete |
| en brique | made of brick |
| en pierre | made of stone |
| | |
| ennuyeux | boring |
| marrant | amusing, funny |
| rigolo | amusing |
| sévère | strict |
| strict | strict |
| | |
| absent | absent, away |
| présent | present, here |
| consciencieux | conscientious |
| travailleur | hard-working |
| | |
| compliqué | complicated |
| contraire | opposite |
| correct | correct |
| difficile | difficult |
| droit | right, straight |
| égal | equal |
| exact | exact, precise |
| facile | easy |
| faux | wrong |
| inutile | useless |
| moyen | average |
| par cœur | by heart |
| précis | precise |
| préféré | favourite |
| terminal | last (final) |
| très peu de | very little |
| trop de | too much |
| utile | useful |
| vrai | true, right |

**Les examens et après**
**Exams and afterwards**

| | |
|---|---|
| le bac | A level equivalent |
| le bac professionnel | vocational A level |
| le baccalauréat | A level equivalent |
| le brevet (BEPC) | GCSE equivalent exam |
| le certificat | certificate |
| le contrôle | assessment test |
| le diplôme | certificate |
| l'épreuve (f) | test paper, exam |
| l'épreuve écrite (f) | written exam |
| l'épreuve orale (f) | speaking test |
| l'examen (m) | examination |
| l'examen blanc (m) | mock exams |
| | |
| les études littéraires (f) | literary studies |
| les études scientifiques (f) | scientific studies |
| les langues (f) | languages |
| les langues vivantes | modern languages |
| le lycée | VI form college |
| le lycée technique | technical school |
| la médecine | medicine (science) |
| les sciences (f) | sciences |
| | |
| la bonne réponse | right answer |
| le bulletin | report |
| l'enseignement (m) | teaching |
| l'intention (f) | intention |
| la mauvaise réponse | wrong answer |
| le niveau | level |
| la note | mark |
| la note d'admission | pass mark |
| les notes (f) | marks |
| la question | question |
| la réponse | answer |
| le résultat | result |
| le travail | work |

82

**La vie scolaire**　　　**School life**
les adolescents.............teenagers
l'étudiant (m)..............student
l'étudiante (f)..............student
les parents (m).............parents
les professeurs (m).......teachers

les examens (m)...........examinations
le travail scolaire.........school work
l'uniforme scolaire (m) ... school uniform

**Le choix**　　　　　**Choice**
les arts du spectacle......performing arts
le commerce................commerce
le droit........................law
l'informatique (f).........ICT
les langues (f)..............languages
la musique...................music
la médecine.................medicine
les sciences (f).............science

aider...........................to help
améliorer.....................to improve
discuter.......................to discuss
être fort en *irreg*..........to be good at
être faible en................to be poor/weak at
s'intéresser à*.............to be interested in
permettre *irreg*...........to allow
préférer †....................to prefer
trouver ... intéressant...to find ... interesting

For **school** see page 77
For **school subjects** see page 78
For **professions** see page 86

**Des verbes utiles**　　**Useful verbs**
avoir la moyenne *irreg*.....to get a pass mark
avoir raison.................to be right
avoir tort.....................to be wrong
avoir une bonne note....to get a good mark
avoir une mauvaise note .. to get a bad mark
échouer.......................to fail

être reçu à un examen *irreg*..to pass an exam
faire ses études *irreg*....to study
passer un examen........to take an exam
se préparer* pour.........to prepare for
rater un examen............to fail an exam
repasser un examen......to resit an exam
répondre à la question ..to answer the question
réussir à un examen......to pass an exam
réviser.........................to revise
sécher les cours †.........to skive off school
tricher.........................to cheat

**Les études supérieures**
　　　　　　　　**Higher education**
la bourse......................scholarship
la cité universitaire.......hall of residence
la faculté de médecine..medical school
la faculté des lettres......faculty of arts
la faculté des sciences ..faculty of science
la licence.....................degree
l'université (f)..............university

**Une année sabbatique**　**A gap year**
le pays du tiers monde..3rd world country
le travail bénévole........charity work

**On peut ...**　　　　**You can ...**
apprendre à se connaître *irreg*
　..............................get to know o.s
apprendre une langue ...learn a language
faire du volontariat *irreg*
　..............................do voluntary work
gagner de l'argent.........earn money
perdre l'habitude d'étudier
　..............................lose the study habit
reprendre ses études *irreg*
　..............................restart one's studies
travailler à l'étranger....work abroad
visiter d'autres pays .....see other countries
voyager †....................travel

83

## La formation    Training
l'apprentissage (m).......apprenticeship
les cours du soir (m).....evening classes
la formation des jeunes
...........................youth training scheme
la formation pédagogique
...........................teacher training
la formation professionnelle
...........................vocational training
le programme de formation
...........................training programme
le stage de formation....training course
le stage en entreprise....work experience

avoir de bonnes références *irreg*
.........................to have good references
faire un stage *irreg*
.........................to do work experience
obtenir une licence *irreg*..to graduate
préparer une licence .....to read for a degree

## Les gens    People
l'apprenti (m) ...............apprentice
l'apprentie (f) ...............apprentice
le candidat ...................candidate
le, la stagiaire ..............trainee

## La pression ...    Pressure
des pairs.......................peer pressure
des parents ..................parental pressure
des professeurs .............teacher pressure
de la vie d'aujourd'hui .pressure of life today
des copains, des copines
................................pressure from friends

être sous pression *irreg* ....to be under pressure
exercer † une pression sur....to put pressure on

## Des problèmes    Problems
la bande de voyous.......gang of yobs
le boulot.......................job
la colle ........................detention
la dette ........................debt
l'emploi (m) ...............work

l'ennui (m)..................problem
le fanatisme religieux .. religious fanaticism
la fidelité à la marque.. brand loyalty
le harcèlement..............bullying
le licenciement............. redundancy
le manque d'argent...... lack of money
la peine ....................... sadness, trouble
la retenue .................... detention
le vol........................... theft

agacé...........................annoyed
agité ...........................upset
compréhensif ..............understanding
défavorisé ...................disadvantaged
doué ...........................gifted
énervé .........................upset
ennuyant .....................boring
ennuyé ........................bored
étonnant .....................astonishing
étonné .........................astonished
mal informé ...............ill-informed
obligatoire...................compulsory
privilégié....................privileged
sans travail..................out of work
stressé .........................stressed out
tendu ...........................tense

se coucher* tard...........to go to bed late
se coucher* tôt.............to go to bed early
gagner de l'argent........to earn money
se lever* † tard ...........to get up late

critiquer ......................to criticise
duper...........................to deceive
s'ennuyer* † ...............to be bored
s'entendre* mal avec .. to get on badly with
licencier ......................to dismiss, sack
plaindre *irreg*..............to pity

approuver....................to approve of
comprendre *irreg*.........to understand
se débrouiller* ............to get on with it

84

# CURRENT AND FUTURE JOBS

**Les petits boulots du samedi**
**Saturday jobs**
le baby-sitting ............. baby sitting
l'emploi temporaire (m)... temporary work
le jardinage .................. gardening
le supermarché ............ supermarket
le travail ...................... work

le bricoleur .................. odd-job person
le caissier, la caissière .. till operator
l'employé (m).............. employee
l'employée (f).............. employee
l'employeur (m) .......... employer
le serveur ..................... waiter
la serveuse ................... waitress
le, la stagiaire .............. trainee
le vendeur .................... sales assistant
la vendeuse ................. sales assistant

aider les gens............... to help people
chercher du travail ....... look for work
classer.......................... to file
faire du baby-sitting *irreg* to babysit
faire du café/du thé ...... to make coffee
faire des économies...... to save up
faire du jardinage ........ to do gardening
gagner de l'argent ........ to earn money
livrer............................ to deliver
nettoyer † .................... to clean
s'occuper* de .............. to deal with sth
porter un uniforme ....... to wear uniform
servir les clients *irreg* .. to serve customers
soigner.......................... to look after
tondre le gazon............. to mow the lawn
travailler à la caisse...... to work on the till
travailler au bureau ...... to work in an office
utiliser un ordinateur.... to use a computer

**Les affaires (f)**     **Business**
la carrière .................... career
le changement ............. change
le comité...................... committee

la commande ................ order
le commerce ................ trade, shop, business
la compagnie ............... company
l'équipe (f)................... team
l'occasion (f) ............... opportunity, occasion
le projet........................ plan, project
la tâche ........................ task, job

l'ambition (f) ............... ambition
l'augmentation (f)......... increase
la chance...................... opportunity
la concurrence ............. competition
les conditions de travail (f)
................................ working conditions
la décision................... decision
des emplois sans avenir (m)
..................... jobs without prospects
la grève ........................ strike
l'option (f) ................... choice
la possibilité de voyager... prospect of travel
la promotion ................ promotion

les impôts (m).............. taxes
la rémunération............. pay
la retraite..................... retirement
le salaire ...................... salary
la sécurité sociale ........ social security
le SMIC ...................... minimum wage
la taxe ......................... tax

**Les gens**     **People**
le chômeur................... unemployed person
la chômeuse................. unemployed person
le, la collègue .............. colleague
le directeur commercial..... sales director
le directeur du marketing .. marketing director
le directeur du personnel ... personnel director
la direction.................. management
le patron, la patronne.... boss
le personnel ................. staff
le president-directeur-genéral (PDG)
................ chief executive officer (CEO)

arriver* à l'heure .......... to arrive on time
arriver* en retard .......... to be late
être au chômage *irreg* ....... to be unemployed
être bien habillé ........... to be well-dressed
être bien organisé ......... to be well-organised
envoyer † un e-mail ...... to send an email
faxer ............................ to fax, send a fax

**Des professions       Professions**
l'agent de police (m) .... policeman
l'ambulancier (m) ......... ambulance driver
l'assistant social (m) ..... social worker
l'assistante sociale (f) ... social worker
le cadre ........................ executive
le chirurgien ................. surgeon
le, la dentiste ................ dentist
le directeur, la directrice .. headteacher
le docteur ..................... doctor
le, la fonctionnaire ........ civil servant
l'homme, la femme politique .... politician
l'infirmier, l'infirmière .......... nurse
l'instituteur (m) ........... primary teacher
l'institutrice (f) ............. primary teacher
le médecin ................... doctor
le professeur ................. teacher (secondary)
le, la vétérinaire ........... vet

l'animateur (m) ............ organiser, presenter
l'animatrice (f) ............. organiser, presenter
l'architecte (m)(f) ......... architect
l'artiste (m)(f) ............... artist
l'auteur (m) .................. author
l'avocat (m) .................. lawyer
le comptable ................. accountant
le créateur, la créatrice ..... designer
le décorateur ................ decorator
le directeur, la directrice .. director
l'écrivain (m) .................. writer
l'employé de bureau (m) .. office worker
l'employée de bureau (f) .. office worker
la femme d'affaires ...... business woman
le financier ................... financier

l'homme au foyer ........ house husband
l'homme d'affaires (m) .... businessman
l'informaticien (m) ...... computer scientist
l'informaticienne (f) .... computer scientist
l'ingénieur (m) ............. engineer
l'interprète (m)(f) ........ interpreter
le, la journaliste .......... journalist
la mère au foyer .......... housewife
le, la météorologiste .... meteorologist
le musicien, la musicienne.... musician
l'opticien ..................... optician
le peintre ..................... painter (artist)
le policier, le gendarme .... policeman

le (sapeur) pompier ...... fireman
le programmeur .......... programmer
la programmeuse ......... programmer
le, la scientifique ........ scientist
le sculpteur ................. sculptor
le technicien ................ technician
la technicienne ............ technician
le traducteur, la traductrice ... translator

l'agent de voyages (m) ..... travel agent
l'agent immobilier (m) ..... estate agent
le bijoutier, la bijoutière ... jeweller
le boucher, la bouchère ..... butcher
le boulanger ................ baker
la boulangère .............. baker
le caissier .................... till operator, cashier
la caissière .................. till operator, cashier
le charcutier ............... pork butcher
la charcutière .............. pork butcher
le coiffeur ................... hairdresser
la coiffeuse ................. hairdresser
le, la commerçant(e) .... shopkeeper
le confiseur ................. confectioner
l'épicier (m) ................ grocer
le, la fleuriste .............. florist
le garagiste ................. garage owner
l'hôtelier (m) ............... hotelier
l'hôtelière (f) .............. hotelier

le, la libraire ................ bookseller
le marchand de fruits.... fruitseller
le marchand de journaux .. newsagent
le marchand de légumes... greengrocer
le papetier .................... stationer
le pâtissier ................... confectioner
le pharmacien .............. chemist
la pharmacienne .......... chemist
le, la photographe ........ photographer
le poissonier ................ fishmonger
le quincailleur ............. ironmonger
le représentant ............. representative
le vendeur .................... sales assistant
la vendeuse .................. sales assistant

l'agriculteur (m) .......... farmer
l'artisan (m) ................. craftsman
le chanteur, la chanteuse .. singer
le charpentier .............. carpenter
le chauffeur d'autobus ..... bus driver
le chef ........................ chef; boss
le, la concierge ............ caretaker
le cuisinier, la cuisinière .. cook
le déménageur .............. removal operative
l'électricien (m) ........... electrician
le facteur .................... postman
la factrice .................... postwoman
la femme de ménage .... domestic cleaner
le fermier, la fermière .. farmer
le garçon de café ......... waiter
l'hôtesse de l'air (f) ...... flight attendant
le jardinier .................. gardener
le maçon ..................... builder
le marin/le matelot ....... sailor
le mécanicien .............. mechanic
le mineur .................... miner
le moniteur .................. instructor
la monitrice ................. instructor
l'ouvrier (m), l'ouvrière (f).. worker
le pêcheur ................... fisherman
le pilote ...................... pilot

le plombier .................. plumber
le routier ..................... lorry driver
le, la secrétaire ............. secretary
le serveur .................... waiter
la serveuse .................. waitress
le soldat ...................... soldier
le steward ................... flight attendant
le télétravailleur ........... teleworker

**Le lieu de travail      The workplace**
le bureau (à domicile)...(home) office
la centrale d'appel ........ call centre
l'école (f) .................... school
l'entreprise (f) .............. firm
l'hôpital (m) ................ hospital
le labo(ratoire) ............. laboratory
le magasin ................... shop
l'usine (f) .................... factory

à l'extérieur ................ outdoors
à l'intérieur ................ indoors

**Au bureau        In the office**
l'agenda (m) ................ diary
l'annuaire (m) .............. phone book
le courrier ................... post, mail
l'enveloppe ................. envelope
le fax .......................... fax
la fiche ....................... form
le formulaire ............... form
l'ordinateur (personnel) (m)
........................... computer (PC)
la photocopie .............. photocopy
la photocopieuse .......... photocopier
le rapport ................... report
le rendez-vous ............. appointment
la réunion ................... meeting
le syndicat .................. union
la télécopie ................ fax
le ticket ...................... chit, voucher, ticket

# LOOKING FOR AND GETTING A JOB

**On demande du travail**
**Applying for a job**
le conseil ..................... piece of advice
le contrat..................... contract
le curriculum vitæ ........ CV/curriculum vitæ
la date de naissance ...... date of birth
la demande d'emploi .... job application
les diplômes (m).......... diploma, degree
l'entretien (m) ............. interview
l'entrevue (f) ............... interview
les expériences (f) ........ experience
la lettre.......................... letter
le lieu de naissance....... place of birth
le métier...................... profession
le nom.......................... surname
l'offre d'emploi (f) ....... job offer
le poste ...................... post, job
le prénom..................... first name
les qualifications professionnelles (f)
..................... professional qualifications
la responsabilité........... responsibility
la situation .................. situation, job
la société..................... company, firm
le texte ........................ text
le tuyau........................ tip, hint

accuser réception de .... to acknowledge
(receipt of a letter)
s'adresser* à ................ to apply to, contact
agréer........................... to accept
conseiller..................... to advise
diriger † ...................... to direct
distribuer ..................... to give, hand out
embaucher .................. to recruit s.o,
start work
s'engager* † ............... to promise
poser sa candidature ..... to apply for a job
réaliser......................... to carry out, realise
recevoir *irreg*.............. to receive
renvoyer † ................... to sack s.o

**Des qualités**      **Qualities**
la bonne santé ............. good health
l'intelligence (f).......... intelligence
la patience.................. patience
la politesse ................. politeness
le sens de l'humour...... sense of humour

expérimenté ................ experienced
flexible........................ flexible
honnête ....................... honest
initié à l'ordinateur ...... computer literate
patient ......................... patient
poli.............................. polite
professionnel .............. professional
qualifié........................ qualified
travailleur ................... hard-working

à l'attention de ............ for the attention of
envoi de ...................... sent by
suite à.......................... further to

**Modalités de travail**
**Working arrangements**
à l'étranger................. abroad
à l'heure...................... per hour
à long terme................ long term
à mi-temps .................. part-time
à plein temps............... full-time
à temps partiel ............ part-time
bien payé..................... well-paid
mal payé ..................... badly paid
par mois ...................... per month
par semaine................. per week
permanent ................... permanent
régulier........................ regular, steady
salarié.......................... salaried, waged
sans travail.................. out of work
temporaire................... temporary

la conférence............... meeting
l'horaire flexible.......... flexi-time

la pause-café ............... coffee break
la pause-déjeuner ........ lunch break
le poste de travail ........ work station

faire la navette *irreg*..... to commute
travailler depuis chez soi
................................ to work from home

**Les coordonnées     Personal details**
Madame........................ Mrs, Ms
Monsieur ..................... Mr
l'adresse (f) .................. address
la carte d'identité ........ identity card
le code postal .............. postcode
la date de naissance ..... date of birth
le domicile................... place of residence
le lieu de naissance ...... place of birth
la nationalité................ nationality
né(e) le ....................... born on
le nom (de famille)....... (sur)name
le numéro de télécopie ..... fax number
le numéro de téléphone ... phone number
le passeport ................. passport
le pays natal ................ native country
la pièce d'identité........ proof of identity
le prénom .................... first name
les rapports (m) ........... relationship
les relations (f) ............. relationship
le sexe ......................... sex, gender
la signature.................. signature
la taille........................ height, size

Ça s'écrit comment? .... Can you spell that?
demeurer ..................... to live (reside)
épeler † ....................... to spell
habiter ......................... to live (reside)

For **age** see page 24
For **transport** see page 59
For **times** see page 10
For **how long it lasts** see page 11
For **professions** see page 86

**On téléphone     Phoning**
A l'appareil................... It's me  (on phone)
Appelez-moi ................ Call me
Appelle-moi................. Call me
Attendez la tonalité ...... Wait for dialling tone
C'est en dérangement... It's out of order
C'est occupé ................ It's busy/engaged
Introduisez la télécarte . Insert phone card
Je reviens tout de suite . I'll be back shortly
Je vous écoute .............. I'm listening
Je vous le passe ........... I'll put you through
Ne quittez pas.............. Hold the line
Patientez ..................... Please wait
Un instant ................... Just a moment

le, la correspondant(e).. caller
le, la standardiste.......... operator

la cabine téléphonique.. call box
le combiné ................... handset
le récepteur .................. receiver
le répondeur................. answering machine
la télécarte ................... phonecard
la télécopieuse ............. fax machine
le (téléphone) portable . mobile (phone)
le téléphone (public)..... (pay)phone

l'annuaire (m).............. phone book
le bip sonore ................ tone
le chiffre ..................... figure, number
le coup de téléphone..... phone call
le courrier électronique ..... e-mail
le faux numéro............. wrong number
l'indicatif (m) .............. code
le mél.......................... e-mail
la messagerie vocale..... voicemail
le numéro de fax.......... fax number
la pièce ....................... coin
la radiomessagerie........ paging
le service de renseignements
............................... directory enquiries
le tarif ........................ rate, charge

89

| | |
|---|---|
| le texto | text messsage |
| la tonalité | dialling tone |

| | |
|---|---|
| appeler † | to call |
| bavarder | to chat |
| causer (Canadian) | to chat |
| composer le numéro | to dial the number |
| décrocher le combiné | to lift the handset |
| être bien chez *irreg* | to be at (address, number) |
| faxer | to fax |
| laisser un message | to leave a message |
| raccrocher | to hang up |
| rappeler † | to call back |
| sonner | to ring (of phone) |
| télécopier | to fax |
| téléphoner | to phone |

| | |
|---|---|
| en communication avec | in communication with |
| en ligne | on the line |
| pour l'instant | for the moment |

**Les boulots** — **Jobs**
**Pour et contre** — **For and against**

| | |
|---|---|
| l'avantage (m) | advantage |
| l'inconvénient (m) | disadvantage |

| | |
|---|---|
| les petits boulots (m) | jobs with no security |
| les heures de travail (f). | hours of work |
| la satisfaction au travail | job satisfaction |
| le travail à la chaîne | assembly line work |
| le travail de bureau | a sitting down job |
| le travail à l'extérieur | outdoor work |
| le travail à l'intérieur | indoor work |

| | |
|---|---|
| avantageux | advantageous |
| bien payé | well-paid |
| dangereux | dangerous |
| intéressant | interesting |
| mal payé | badly paid |
| monotone | boring |
| valorisant | rewarding |

**Des verbes utiles** — **Useful verbs**

| | |
|---|---|
| s'enrichir* | to get rich |
| être sous pression *irreg* | to be under pressure |
| exercer † une pression sur | to put pressure on |
| faire des recherches *irreg* | to do research |
| porter un uniforme | to wear uniform |
| recevoir des pourboires *irreg* | to get tips |
| résoudre des problèmes *irreg* | to solve problems |
| travailler en plein air | to work outdoors |
| travailler pour soi | to work for oneself |
| travailler jour et nuit | to work day and night |
| travailler le week-end | to work weekends |
| travailler le soir | to work evenings |
| utiliser un ordinateur | to use a computer |

**On travaille à l'étranger**
**Working abroad**

| | |
|---|---|
| On doit s'habituer à: | You must get used to: |
| la culture différente | different culture |
| le décalage horaire | jet lag, time difference |
| la langue du pays | local language |
| d'autres conditions météorologiques | change of climate |
| la nostalgie (du pays) | homesickness |
| la solitude | loneliness |

**Des verbes utiles** — **Useful verbs**

| | |
|---|---|
| acquérir de l'expérience *irreg* | to broaden one's experience |
| aider les gens | to help people |
| avoir beaucoup de contacts humains *irreg* | to meet lots of people |
| être isolé *irreg* | to be isolated |
| travailler à l'étranger | to work abroad |
| visiter d'autres pays | to visit other countries |
| voyager † | to travel |

# ABBREVIATIONS

**AEE** (Agence Européenne pour l'Environnement)............ European Environmental agency

**BD** (bande dessinée)........................................................ cartoon, comic strip

**BEPC** (brevet d'études du premier cycle)........................ certificate for 15 year olds

**CES** (collège d'enseignement secondaire)....................... comprehensive school

**DOM** (département d'outre mer) ..................................... French overseas department

**France 2, France 3**........................................................ Channels 2 and 3 on French television

**HLM** (habitation à loyer modéré) ................................... subsidised housing - usually flats

**JAPD** (Journée d'Appel de Préparation de Défense)......... compulsory citizenship training for all

**LP** (lycée professionnel).................................................. technical college

**LT** (lycée technique) ....................................................... technical college

**M** (Monsieur).................................................................. Mr

**Mme** (Madame).............................................................. Mrs, Ms

**Mlle** (Mademoiselle) ...................................................... Miss, Ms

**MJC** (maison des jeunes et de la culture) ....................... Youth Centre

**MLF** (Mouvement de la libération des femmes)............... Women's Lib

**OMS** (Organisation mondiale de la santé) ...................... World Health Organisation

**ONU** (Organisation des Nations Unies) .......................... United Nations Organisation

**OTAN** (Organisation du Traité de l'Atlantique Nord)........ NATO

**PDG** (président directeur général)................................... Managing Director

**PV** (procès-verbal).......................................................... fixed penalty fine

**RATP** (Régie autonome des transports parisiens) ............ Paris public transport system

**RER** (réseau express régional)........................................ Paris suburban railway system

**SA** (société anonyme)...................................................... Ltd

**SDF** (sans domicile fixe) ................................................ of no fixed abode

**SIDA** (Syndrome Immuno-Déficitaire Acquis)................. Aids

**SMIC** (salaire minimum interprofessionnel de croissance) index-linked minimum wage

**SNCF** (Societé nationale des chemins de fer français) ....... French Railways

**SPA** (Societé protectrice des animaux) ........................... Animal protection society

**SVP** (s'il vous plaît) ....................................................... please

**TOM** (territoires d'outre mer)......................................... French overseas territories

**TGV** (train à grande vitesse) .......................................... high speed train

**Tlj** (tous les jours).......................................................... every day

**TVA** (taxe sur la valeur ajoutée) .................................... VAT

**TTC** (toutes taxes comprises).......................................... inclusive of tax

**UE** (l'union européenne) ................................................ EU (European Union)

**UHT** (ultra haute température)........................................ UHT (milk)

**ULM** (ultra-léger-motorisé) ............................................ micro-light aircraft

**en VO** (version originale)................................................ with the original soundtrack

**VIH** (virus d'immunodéficience humaine) ...................... HIV

# INDEX

accepting invitations ...... 39
adjectives (essential) ........ 1
adverbs of degree ............ 4
adverbs of manner ........... 3
adverbs of place ............... 3
adverbs of time .......... 3, 14
advertising ..................... 36
appearance ..................... 24
applying for a job .......... 88
at the seaside ................. 50
being a guest.................. 53
buildings........................ 68
business ........................ 85
buying clothes etc.......... 43
buying food ................... 19
buying souvenirs ........... 55
buying tickets ................ 34
café culture .............. 31, 57
campsite ........................ 51
car breakdown ............... 58
celebrations ................... 76
celebrities ..................... 35
character ........................ 25
chemist .......................... 18
cinema ........................... 34
classroom kit ................. 80
classroom ...................... 79
closer relationships......... 26
colours ............................ 1
computer games ............. 36
conjunctions .................... 7
connectives...................... 8
conservation .................. 73
cooking methods ............ 22
countries and languages . 61
countryside .................... 69
crime.............................. 29
crossing the Channel ...... 48
daily routine .................. 67
date ................................. 9
days and dates ................. 3
days of the week ............ 11
dentist............................ 17
describing buildings ......... 1
describing places ........... 70
disasters......................... 73
doctor ............................ 17
domestic waste .............. 75
eating out....................... 55
educational choices ........ 83
endangered species......... 74
environment .............. 72, 75
exams and afterwards..... 82
exchange........................ 52
excursions ..................... 59
excuses .......................... 12

external influences......... 32
extracurricular activities  79
family............................ 23
farm............................... 69
finding the way .............. 59
flying............................. 48
food .............................. 19
for and against ................ 2
French-speaking
    countries................... 62
friends and friendship .... 23
future plans ........ 27, 81, 83
gap year......................... 83
geographical names ....... 62
geographical terms......... 71
going by bus .................. 60
going by car .................. 49
going by train................ 60
greetings........................ 13
health and consequences  19
health problems........ 16, 17
helping at home ............. 67
higher education ............ 83
hiring............................. 55
hobbies........................... 41
holiday lodgings ............ 48
holiday plans.................. 54
hotel .............................. 51
housing........................... 63
human intervention ....... 73
ICT................................. 47
internet for and against .. 47
internet.......................... 47
jobs - for and against ..... 90
justifications.................. 12
landmarks....................... 68
life in France........... 31, 32
lost property .................. 58
make-up ........................ 44
marriage ........................ 27
match (the).................... 37
materials........................ 44
means of transport ........ 59
meeting up .................... 35
money ........................... 45
music............................. 33
nationality ..................... 61
negatives......................... 6
neutral comments........... 13
numbers .......................... 9
office.............................. 87
opening times................. 43
opinions ........................ 11
outings .......................... 59
park ............................... 69
parts of the body ........... 16

parts of the day.............. 11
paying............................ 45
personal details... 24, 63, 89
personality faults ........... 25
personality ...................... 1
pets ............................... 70
phoning.......................... 89
physical appearance ... 1, 24
places to go.............. 40, 68
pollution ....................... 72
positive qualities ........... 25
post office...................... 46
prepositions .................... 7
pressure (social) ............ 28
pressures in school ........ 84
problems............. 27, 28, 84
professions..................... 86
question words ................ 8
races.............................. 38
reading........................... 41
refusing invitations........ 39
regions ........................... 61
religion ................... 27, 76
restaurant....................... 55
road signs ...................... 59
rooms and contents......... 64
Saturday jobs................. 85
school ............................ 77
seaside .......................... 50
seasons........................... 11
shop signs ..................... 43
shopping problems ........ 46
shops............................. 42
sizes.............................. 45
small ads....................... 36
sport.............................. 37
sports equipment ........... 38
staying at home ............. 41
telling the time.............. 10
texting........................... 36
theatre........................... 34
towns ............................ 62
travel...................... 49, 60
trends ............................ 45
TV ................................. 33
verbs (essential etc)......... 5
weather tomorrow .......... 15
weather yesterday........... 15
weather .......................... 14
weights and measures..... 22
welfare problems............ 29
winter sports.................. 50
working abroad.............. 90
working arrangements.... 88
workplace ...................... 87
youth hostel ................... 52